novos
...argo

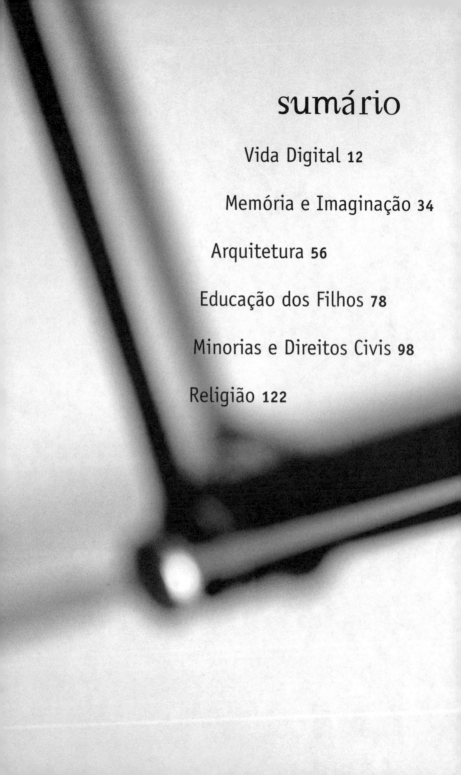

sumário

Vida Digital 12

Memória e Imaginação 34

Arquitetura 56

Educação dos Filhos 78

Minorias e Direitos Civis 98

Religião 122

Felicidade 146

Meio Ambiente 172

Sexo 194

Física 216

Consumo 238

Multiculturalismo 258

Tudo começa sempre com duas pessoas, duas idéias, duas opiniões, duas visões... não importa. Qualquer movimento, qualquer inovação, qualquer revolução (ainda que pequena), começa na interação entre duas pessoas. A lição é universal, mas foi brilhantemente colocada pelo antropólogo Anthony Kwame Appiah, um dos entrevistados na série "Novos Olhares", do *Fantástico*, em 2007: "Primeiro as pessoas se conectam, e depois tentamos compreender o resto do sistema".

Não é possível falar desse projeto sem falar de Appiah. Primeiro, porque essa idéia foi central para o desenvolvimento de toda a "espinha dorsal" da série. Depois, por causa de um texto seu, publicado na revista do *The New York Times* no seu número de 1º de janeiro de 2006. "The case for contamination" era o título – que pode ser traduzido por "Em defesa da contaminação".

Não conhecia seu trabalho, mas fiquei imediatamente interessado quando, logo no início, ele descreve uma festa popular na cidade onde nasceu, Kumasi, em Gana. A cena – com homens vestidos em panos, pavões soltos pelo jardim, um rei e um trono – pode parecer exótica e um tanto deslocada nos dias de hoje, mas ela se passa em pleno século 21 – e, segundo Appiah, antes da chegada do rei, as pessoas estavam ocupadíssimas com seus telefones celulares, discutindo assuntos que iam do tratamento da aids ao currículo de ciência e tecnologia na universidade local. Muito interessante...

O artigo – fácil de encontrar na internet – foi adaptado do livro *Cosmopolitanism: Ethics in a world of strangers* ("Cosmopolitanismo: a ética em um mundo de estrangeiros"), que li assim que foi lançado, algumas semanas depois. Nele, Appiah amplia a idéia de que o mundo está se conectando cada vez mais rapidamente, e que é melhor aproveitar isso do que buscar duas saídas inúteis: lutar pela preservação de culturas que, de início, nunca foram muito puras e entrar em disputas inócuas sobre qual delas é mais interessante. Bom mesmo, insiste o autor, é aproveitar a contaminação.

Esse conceito veio reforçar algo em que eu já acreditava: que, para avançar como sociedade, devemos ir abraçando o que encontrarmos pela frente. Em vez de repetir o diferente, por que não descobrir nele novas possibilidades? Num programa que está em constante transformação, como o *Fantástico*, um pensamento como esse não poderia ser mais adequado. Mas seria possível traduzir as idéias de um pensador na linguagem televisiva? A questão então passou a ser "como" fazer isso.

Ao mesmo tempo, outras idéias interessantes – ainda que não propriamente ligadas à cultura – eram lançadas em outros livros. Sociólogos, cientistas, antropólogos, psicanalistas, economistas – pensadores, enfim – parecem estar refletindo cada vez mais sobre o mundo em que vivemos. E, graças à ferramenta mais poderosa das últimas décadas, a internet, mais gente parece ter acesso a essas idéias. Fomos descobrindo reflexões interessantes e inusitadas em áreas como arquitetura, direitos civis, educação dos filhos, meio ambiente – e até mesmo o sexo... ou a física. Mas a questão permanecia: como aproximar esses assuntos do grande público?

Num primeiro estágio, buscamos pensadores brasileiros que pudessem fazer um debate "virtual" com esses autores estrangeiros. A partir dos seus livros, convidamos acadêmicos brasileiros a discutir os argumentos expostos, concordando ou não com eles, sempre acrescentando algum conceito à idéia inicial. O debate, claro, só enriqueceria o painel que queríamos montar. Mas o impasse continuava presente: como fugir da monocórdia entrevista? Era um formato que, na velocidade com que as informações são transmitidas na TV aberta, corria o risco de se tornar monótono, quando o que queríamos era exatamente o contrário: contagiar o grande público com as possibilidades que aquelas idéias inspiravam.

A solução foi investir nos personagens da vida real. Se todos esses pensamentos partiram de uma observação do mundo cotidiano, é claro que poderíamos encontrar pessoas que viviam as situações analisadas pelos pensadores e, usando a história delas, ilustrar o que estava sendo dito – ao mesmo tempo que aproximávamos telespectador e conceitos teóricos. Foi nesse valiosíssimo trabalho de produção que descobrimos esses personagens, lembrados aqui no livro nas breves introduções de cada capítulo.

Todos foram peças fundamentais para o sucesso da série e, sobretudo, para a compreensão das idéias, muitas vezes bastante sofisticadas, que ela propunha. Esses personagens foram não apenas o "colorido" das matérias, mas a verdadeira legitimidade do que estava sendo discutido. Para ver os episódios como foram ao ar, acesse *www.globo.com/fantastico-novosolhares*.

E muita coisa estava sendo discutida. Para cada um dos doze temas sobre o qual jogamos "Novos Olhares", uma infinidade de desdobramentos poderiam ser sugeridos. Nosso objetivo nunca foi fechar um pensamento, mas deixá-lo aberto, para que o telespectador lhe desse continuidade – depois de perceber que um assunto aparentemente alheio à sua rotina fazia parte, sim, da sua vida.

A aceitação dessa proposta confirmou-se no fórum "Novos Olhares", que aconteceu no Rio de Janeiro, no auditório do jornal *O Globo*, na semana seguinte à da exibição do último episódio da série. Doze pensadores foram convidados a participar dos debates, transmitidos ao vivo pela internet, com a participação de internautas do Brasil inteiro – e até de outros cantos do mundo. O evento, claro, serviu para ampliar ainda mais os pontos de vista e criar uma relação diferente entre o programa e seu público.

Este livro é mais um esforço nesse sentido. Aqui, reproduzimos as entrevistas com os vinte e quatro pensadores que participaram da série. A essência do que queríamos passar estava já nos episódios, mas nesses textos mais completos é possível acompanhar o raciocínio dessas mentes originais.

E concordar. E discutir. E discordar. E acrescentar.

Retomando as idéias de Appiah, ele disse na entrevista que gostaria de ver no mundo mais correntes de ida e volta. Quanto mais nos misturarmos, mais poderemos sair do nosso referencial de sempre e aprender. Só depende de querer olhar as coisas de um jeito novo, diferente. Ao contrário do que sugere o pensamento preguiçoso, essa é a promessa de uma vida muito mais excitante. E ninguém sintetizou isso melhor do que um de nossos entrevistados, o sociólogo e psicanalista Roberto Gambini:

" No fundo, ainda nos sentimos incômodos com a diferença: 'Ah, se o mundo fosse um espelho, se todos fossem iguais a mim...' Ao que eu diria: 'Que tédio! Se o mundo todo fosse igual a mim, com quem eu teria o que trocar?'. Entre iguais, tudo está garantido, mas então já não podemos falar em mudança, em troca ou em evolução".

Zeca Camargo
julho 2007

ALGUÉM AINDA TEM PACIÊNCIA PARA VER MAIS UMA REPORTAGEM SOBRE "OS EFEITOS MALÉFICOS" DOS *VIDEOGAMES*? CLARO QUE NÃO! Foi por isso que mudamos o discurso e buscamos falar com quem via esse fenômeno tão contemporâneo de uma maneira positiva. Steven Johnson é autor de um livro com o provocativo nome em inglês que se pode traduzir por "Tudo que é ruim é bom para você: como a cultura *pop* está nos tornando mais inteligentes". Quer algo mais radical do que transformar os

vida digital
Virando o jogo

"vilões" em mocinhos? E, do Recife, Silvio Meira colabora com o pensamento mais moderno sobre nossa interatividade com as mais novas tecnologias. Mas, para que tudo não ficasse no plano das idéias, nesse episódio da série acompanhamos a trajetória de Alun Rees, um dos primeiros formandos, de nível superior, em tecnologia de *design* de *videogames* – para orgulho (pasme!) dos pais, Dylan e Antonia. Você nunca mais vai olhar do mesmo jeito para um *joystick*.

STEVEN BERLIN JOHNSON graduou-se em semiótica pela Brown University e em literatura inglesa pela Columbia University. Trabalhou como colunista de *Discover Magazine*, *Slate*, *Wired* e outras publicações. É editor-chefe e um dos fundadores da *Feed Magazine*, premiada revista cultural *on line*, criada em 1995. Publicou *Cultura da interface*, *Emergência: a dinâmica de rede em formigas, cérebros, cidades*, *Mind wide open: your brain and the neuroscience of everyday life* e *Everything bad is good for you: how today's popular culture is actually making us smarter* ("Tudo que é mau e bom para você"), no qual defende que os programas de tevê e particularmente os jogos de computador são hoje mais complexos e estão, de fato, nos tornando mais inteligentes.

ZECA CAMARGO – Primeiramente, como lhe ocorreu ver um assunto tão batido sob outro aspecto?
Steven Johnson – Começou com os *videogames*. Sou da geração dos *videogames* antigos. Tenho 38 anos e cresci com aquele tipo de jogo como o Pac-Man. Eram esses jogos que existiam quando eu era criança, e eu os vi evoluir para algo bem mais complexo.

ZECA – Como Invasores do Espaço?
Johnson – Pois é, esses eram um pouco mais complicados. Mas as coisas começaram a ficar ainda mais interessantes quando, em meados dos anos 90, apareceu Sim City, no qual é possível controlar uma cidade inteira. Aí, sim, os jogos atingiram um nível de complexidade fantástico. No livro, conto a história de um sobrinho que estava jogando Sim City e, de repente, me disse, casualmente, que eu deveria baixar as taxas de produção industrial. E ele só tinha 8 anos. Então pensei: é claro que há algo muito interessante acontecendo no mundo dos jogos. A mídia dizia que eles eram um "lixo", apenas pessoas atirando umas nas outras – como se não houvesse nada a ser resgatado nos jogos. Então comecei a pensar que havia algo de interessante a ser dito em relação à forma cultural dos jogos. Na mesma época em que pensava em escrever sobre isso, eu e minha mulher começamos a assistir a vários seriados de televisão em DVD, a melhor forma para assisti-los, especialmente os mais longos, como *Família Soprano*. Então, assistimos *24 Horas*, *Família Soprano*, *Alias*, *The Wire* e todos esses fantásticos seriados. Novamente, os comentários que eu ouvia eram sempre negativos. E eu estava achando que a TV nunca estivera tão boa, muito melhor do que quando eu era criança e assistia a *O Barco do Amor* ou *Dallas*. Se você decidir rever uma série como *Dallas*, que era o máximo na época, o final dos anos 70,

você vai achá-la muito chata, lenta e condescendente demais. Foi aí que resolvi ver o que estava acontecendo nas telas – da televisão, dos *videogames* e dos computadores – nos últimos trinta anos. Não da forma como as pessoas falam sobre isso – repetindo os velhos clichês sobre valores morais, excesso de violência ou de sexo –, mas pelo lado da complexidade: quanta informação você retém ao ver um programa de TV, quantas falas há, quantos personagens, quão exigente ele é, quanto você precisa se concentrar para assistir a ele. Analisando a cultura *pop* dessa maneira, você vai ver que ela se torna cada vez mais complexa. É essa tendência que ninguém tinha percebido antes.

ZECA – Não é tão difícil perceber que assistir *Lost* requer muito mais do público – ou é? A passagem de *Ilha da Fantasia* para *24 Horas* foi gradativa?
Johnson – Acho que minhas idéias foram aceitas porque as pessoas se cansaram de ser criticadas por ver televisão somente para se divertir. Cansaram-se de ouvir sermões do tipo: "Você está queimando seu cérebro ao assistir a esse programa". Aquilo que chamam de "lixo" é, na realidade, muito bom. O que você disse sobre essa evolução contínua é realmente interessante. Acho que uma das partes mais importantes do livro, e que não ficou em evidência, é que há, em toda a cultura *pop*, um modelo que foi copiado dos *videogames*. Eles começam num estágio fácil e vão se tornando cada vez mais difíceis. Eles começam bem devagar e passam a acelerar cada vez mais. Basicamente, o jogo obriga você a ficar treinado para jogá-lo. Você vai se aprimorando. É divertido, e você está sempre se adaptando para vencer novos obstáculos. Gostamos de ser desafiados, mas não muito. Não gostamos de ver ou de lidar com coisas monótonas ou difíceis demais. O mesmo proces-

so aconteceu com a mídia nos últimos trinta anos. Os seriados de TV foram ficando mais complexos, e nós gostamos disso. Eles produzem novos desafios, que nos estimulam a assistir a eles, e nós nos adaptamos a essa complexidade. O processo continua até um certo ponto. *Lost*, que não incluí no livro porque veio depois que o escrevi, é o melhor exemplo disso. Esse seriado é supercomplexo, tem 25 personagens diferentes. Manipula o tempo de forma complexa. Há elementos de mistério, elementos inexplicáveis, e cerca de cem tramas! Se você mostrasse esse seriado para um telespectador de 1975, ele diria que não podia continuar assistindo, que aquilo não fazia o menor sentido.

ZECA – O que me faz perguntar: quem realmente começou esse processo? O público ou a mídia? Ou aqueles que estão por trás dos criadores de programas de TV?
Johnson – Acho que houve uma colaboração de todos esses elementos.

ZECA – O fato de programas e jogos desafiadores fazerem sucesso tem a ver com recompensa? As pessoas entendem e concluem que não são burras, que podem acompanhar a história. Elas têm consciência desse processo?
Johnson – Sim. Acho que as pessoas gostam de ser desafiadas de alguma forma. Uma das coisas que venho desafiando é a afirmação de que nosso cérebro só acompanha o que é mais fácil. Se isso fosse verdade, os *videogames* seriam criados de maneira mais banal, sem desafios. Mas eles se tornam cada vez mais difíceis. Alguns desses jogos, como por exemplo Civilização, eu simplesmente não consigo jogar. É muito sofisticado, e é o segundo jogo de computador mais popular nos Estados

Unidos. Nesse jogo, você recria todo o curso da história econômica e tecnológica do homem. E uma criança de 13 anos joga para se divertir! Isso é loucura.

ZECA – Por que alguém da nossa geração não joga Civilização com facilidade?

Johnson – Acho que os mais jovens são capazes porque estão crescendo nesse ambiente, nesse tipo de mídia. O argumento forte do livro – e que as pessoas não entenderam completamente – é que não só a cultura *pop* está se tornando mais complexa, mas também mais inteligente, e é precisamente nessa área que estamos ficando mais espertos: a habilidade que temos de dominar esse tipo de sistema, de jogar *videogames* complexos e tudo o mais. Essa é uma habilidade que pode ser transferida para outras atividades.

ZECA – Você diz isso no final do livro. É difícil medir quanto isso está nos tornando mais inteligentes...

Johnson – É verdade que não há nenhuma prova disso. Ninguém conferiu essas questões. Quase todos os estudos sobre *videogames* feitos até agora se concentraram na questão da violência, do comportamento violento que eles podem gerar. E nada se investigou quanto ao fato de tornarem as crianças mais inteligentes. Mas a questão ainda está em aberto: quando estamos envolvidos em um jogo, num programa de TV complexo como *Lost*, estamos lidando com uma forma de inteligência do tipo "reconhecimento de um modelo". É a trajetória de um modelo, as conexões entre os elementos, um número de variáveis em tempo real, interagindo entre si. Quando assistimos a uma série de televisão, pensamos na rede de relacionamentos entre

> Quase todos os estudos sobre *videogames* feitos até agora se concentraram na questão da violência, do comportamento violento que eles podem gerar.
>
> **E nada se investigou quanto ao fato de tornarem as crianças mais inteligentes.**

as pessoas. Quando jogamos, pensamos nas regras, no espaço do sistema, em todas essa variáveis se integrando. E essa é uma forma muito complicada de pensamento.

ZECA – Por outro lado, você está dando força justamente para essa geração que só quer jogar *videogames* o tempo todo...
Johnson – Eu sempre falo que tem que ser como uma dieta balanceada. Veja, acredito em coisas como... livros. Escrevi um para falar desse assunto. Eu não poderia ter argumentado de outra forma. É preciso um livro para convencer as pessoas de coisas diferentes. Um artigo em um *blog*, por exemplo, não teria o mesmo impacto. Livros são relevantes até hoje, e, se seus filhos só estão jogando *videogames* e não estão lendo livros, você tem que intervir como pai e encorajá-los a se familiarizem com coisas di-

> **Para mim, os *videogames* são o *rock'n roll* dessa geração. O que estamos vendo aqui deve ser semelhante ao que aconteceu na época em que o *rock* surgiu. É uma ironia.**

ferentes. Em contrapartida, se seu filho só lê livros e nunca entrou na internet, nunca jogou *videogames*, não sabe lidar com computadores, eu diria que ele precisa aprender a lidar com esse tipo de coisas porque isso é o futuro.

ZECA – Nós fazemos parte da geração de transição. Talvez seus filhos sejam ainda mais flexíveis com os filhos deles nessa relação com a tecnologia.
Johnson – Sem dúvida. Para mim, os *videogames* são o *rock'n roll* dessa geração. O que estamos vendo aqui deve ser semelhante ao que aconteceu na época em que o *rock* surgiu. É uma ironia. Os jovens brigavam com os pais e as autoridades por causa de uma música "demoníaca". As pessoas fazem campanhas contra a violência dos jogos sem nunca se terem questionado se eles podem ser bons para as crianças. Quem cresceu jogando Sim City e Civilização já está com cerca de 20 anos e, dentro em breve, será presença marcante na cultura e na política. Hoje preciso argumentar com as pessoas para que levem os jogos a sério. Daqui a dez anos não será necessário. Acho que elas vão encarar a questão de uma forma mais madura.

ZECA – Voltando à TV. De todas as idéias desafiadoras que você colocou no livro, uma é a de que os *reality shows* podem melhorar a percepção e a narrativa.... É difícil acreditar nisso.

Johnson – Você não imagina quantas entrevistas já fiz... Antes dos comerciais, o apresentador dizia: "A seguir, nosso convidado que acredita que assistir a *Survivor* eleva seu QI". E, quando eu voltava, tinha de explicar que não era bem assim.

ZECA – Sei o que é isso: no Brasil, apresentei a versão brasileira do programa – chamava-se *No limite*.

Johnson – Então você já ajudou a aumentar o QI de muitos! Mas, sério... talvez eu tenha de abordar o assunto de outra forma para ser compreendido. Meu livro é sobre tendências. Não estou dizendo que a cultura *pop* seja perfeita e que todos os seus componentes devam substituir a escola. Digo que, comparando o que estamos fazendo com o que fazíamos em 1975, quando eu tinha 7 anos, a cultura *pop* de entretenimento é muito mais complexa agora do que há trinta anos. Havia lixo naquela época, mas o lixo de hoje é mais complexo.

ZECA – E isso é bom?

Johnson – Bem, acho que sim. É melhor ter um lixo mais complicado. Eu defendo os *reality shows* porque as pessoas não compreendem onde eles se encaixam e os comparam com documentários. Você assiste a um documentário sobre a Segunda Guerra ou sobre o assassinato de Kennedy e pensa: "Isso é sério". Se assiste a *No limite* ou *Big Brother*, logo pensa; "Isso não é sério"... Mas os *reality shows* são jogos. Neles, um bando de participantes, num ambiente artificial, com regras, têm que tomar decisões para tentar ganhar o jogo.

ZECA – E você acredita que isso reproduz modelos do nosso cotidiano?
Johnson – Sim. Há uma complexidade psicológica. Eles se manipulam. É divertido tentar adivinhar quais serão as melhores estratégias. Há alguma substância. Claro que seria melhor ler *Ulisses*, mas, comparados com os que assistíamos trinta anos atrás, os programas hoje são muito melhores.

ZECA – Você acredita que os *reality shows* aprimoram nossa percepção das emoções através das expressões faciais?
Johnson – Não sei se posso dizer que melhoram nossa percepção. Mas a complexidade do programa é baseada em emoções. Então, quando você o assiste, você diz que confia nesse sujeito, mas não naquele. Você percebe que esse está paquerando aquela garota, que aquele está jogando com o outro, etc. Você constrói um mapa social a partir dos personagens e da maneira como eles se relacionam. E é verdade que pessoas que são boas nesse tipo de percepção tendem a ter sucesso na vida. Não estou dizendo que os *reality shows* são um treinamento para isso, apenas que esse é um aspecto interessante deles.

ZECA – Você encontrou, especialmente da parte de quem produz cultura *pop*, alguma reação positiva às suas idéias, do tipo: "Viu? Eu sempre achei que era verdade..."?
Johnson – Sim. E não só isso: muitas pessoas disseram que deram o livro para seus pais! Mas os que responderam melhor foram os pais de família. Eles disseram que suas melhores lembranças são dos momentos em que jogam com os filhos e podem ver quanto eles são espertos e entendem os jogos. Os pais se sentiam um tanto culpados por achar que os filhos jogavam demais. Pensavam que

deviam desencorajá-los. Depois de ler o livro, viram que não precisavam se sentir culpados por isso. É bom se envolver com os filhos em jogos e programas de televisão. Não para vigiá-los, mas para assistir e jogar com eles e ver quão espertos eles se tornaram.

ZECA – Isso acontece na sua casa?
Johnson – Tenho um filho de 4 anos, um de 3 e um de 3 semanas. A brincadeira que fazem comigo é que um dia meus filhos dirão: "Pai, não quero mais jogar *videogame*, quero ler um livro!".

ZECA – Vamos falar sobre isso daqui a uns dois anos, para concluir. É inevitável não pensar que tudo vai se misturar: a televisão, os jogos de vídeo e a internet. Como essa fusão contribui para o processo?
Johnson – Quase não falo nada sobre a internet porque sempre achei que todo mundo concordasse em que ela é algo de bom. A internet tem, obviamente, uma grande participação nesse processo que descrevo – e as pessoas nunca estiveram tão envolvidas com a elaboração de cultura *pop* como agora. Veja os *blogs*, o Youtube... Todos querem participar. É interessante quando os canais acabam se misturando, como em *Lost*, por exemplo. Existem fãs que fazem até mesmo mapas do seriado e de seus personagens. Imagine: uma pessoa se dar o trabalho de ficar diante da televisão, congelando imagens, para depois colocá-las *on line* para que outros possam desfrutar delas – e os criadores do programa passam um bom tempo analisando o que os fãs acham e usam parte desse material. Há um diálogo entre os criadores e os fãs. E isso contribui para uma televisão melhor.

24 VIDA DIGITAL

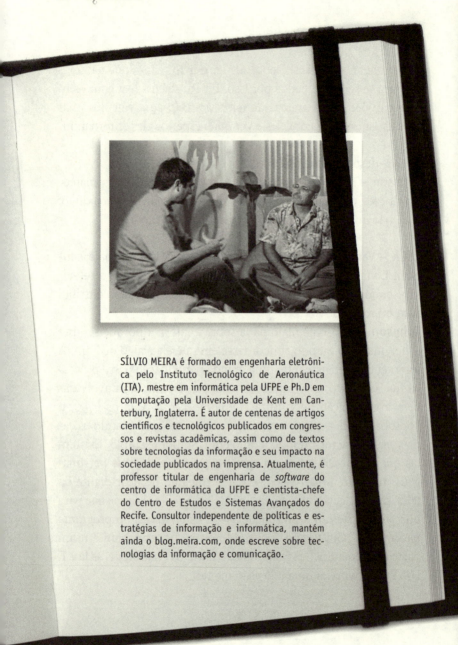

SÍLVIO MEIRA é formado em engenharia eletrônica pelo Instituto Tecnológico de Aeronáutica (ITA), mestre em informática pela UFPE e Ph.D em computação pela Universidade de Kent em Canterbury, Inglaterra. É autor de centenas de artigos científicos e tecnológicos publicados em congressos e revistas acadêmicas, assim como de textos sobre tecnologias da informação e seu impacto na sociedade publicados na imprensa. Atualmente, é professor titular de engenharia de *software* do centro de informática da UFPE e cientista-chefe do Centro de Estudos e Sistemas Avançados do Recife. Consultor independente de políticas e estratégias de informação e informática, mantém ainda o blog.meira.com, onde escreve sobre tecnologias da informação e comunicação.

ZECA CAMARGO — Quando você ouve alguém dizer que o *videogame* torna as pessoas mais imbecis, qual é a sua reação?
Silvio Meira — Ah, as pessoas não estão entendendo o que é o *videogame*. O *videogame* é simplesmente mais um dos muitos processos de simulação que temos na sociedade — como uma peça de teatro, um *show* de televisão, uma conversa entre duas pessoas —, um processo em que alguém está sempre simulando alguma coisa.

ZECA — Mas por que as pessoas mais velhas reagem mal ao *videogame*?
Meira — É uma coisa de geração, medo do futuro. Eles pensam: "Eu não sei o que é; logo, não é bom".

ZECA — Talvez o que incomode seja a idéia de que esses jogos remetem à violência.
Meira — Uma parte significativa dos *videogames* tem uma certa dose de violência simulada, que se pode separar facilmente da violência real. Acho muito mais interessante meu filho brincar com um jogo de violência simulada do que, como eu fazia quando era pequeno, brincar de guerra de estilingue, com pedras reais. Uma delas furou a lente dos meus óculos e quase estraçalha meu olho direito. É melhor meu filho de 5 anos brincar com uma violência simulada — que ele sabe que é simulada, e que faz parte da vida dele como simulação, bem separada da realidade.

ZECA — Mas essa distinção não é clara para todo mundo...
Meira — Acho que isso tem muito a ver com a capacidade de separar a morte simulada da morte pra valer. Num processo educacional de qualidade, baseado em tentativa e erro, você tenta, não aprende, morre e tenta de novo. Se você não aprendeu de um jeito, volta e

tenta aprender de outro. Isso faz parte do processo. Essa "vida e morte" já existe no processo normal de entender o mundo.

ZECA – É assim desde o início dos *videogames*...

Meira – Desde Pong, que foi o primeiro jogo, você diz o seguinte: "Bom, não tenho a mesa de pingue-pongue aqui, mas tenho uma tela onde posso jogar pingue-pongue. É um jogo muito básico – a bolinha vai, bate na tabela e volta –, mas nele está embutido um conjunto de regras razoavelmente sofisticado da física: a noção de velocidade, como se dá o rebatimento, o que atua sobre a bola – que, aliás, não era uma bola, era um quadrado...

ZECA – Você sempre esteve envolvido com *videogames*?

Meira – Sou da computação, então, nasci dentro dos jogos, e vi pessoas do meu lado fazendo e entendendo os *videogames*. E isso foi desde Invasores do Espaço até Sim City, e coisas que vieram depois, de jogos de simulação até Second Life, que é um jogo extremamente sofisticado. Este, sim, é um jogo de presença virtual na rede, no qual você se duplica, e sua cópia do lado de lá da tela pode parecer tão real quanto você.

ZECA – Por que as gerações mais novas têm mais facilidade de interagir com esses jogos?

Meira – Se hoje nos mudarmos com nossos filhos pequenos para a Tailândia, daqui a um ano e meio eles vão falar tailandês fluentemente, enquanto nós mal saberemos responder a um bom-dia. Para quem está surgindo nesse universo, ele é algo absolutamente trivial. Meu filho Pedro, de 5 anos, sabe o que é jogo e o que é realidade. Sabe o que machuca e dói, e sabe quando pode simplesmente morrer e nascer de novo. Então, quando ele diz, olhando pra tela do computador: "Eta, morri!", ele morreu lá dentro. Não é o mesmo "morri" daqui de fora. Quando dói aqui fora, ele chora, mas quando toma porrada lá dentro, ele simplesmente começa de novo...

ZECA – Isso não seria um processo natural de aprendizado?
Meira – A escola é um negócio muito burro. As pessoas nascem com a capacidade inata de fazer perguntas, e a primeira coisa que a escola tenta fazer é proibir as pessoas de fazer perguntas. A escola tenta ensinar as pessoas a dar respostas, que é a forma mais burra de aprender alguma coisa, porque o importante de fato são as perguntas – é a minha capacidade de olhar para o universo e me assustar com alguma coisa: "Mas o que é isso aqui? Por que não posso mudar? Por que não posso fazer assim?". Observando as crianças aprendendo em seu estado normal, vemos que o processo de aprendizado é um jogo. Você chega para seu filho e diz: "O Sol é quente". E ele pergunta: "Por quê?" "Bem, porque existem coisas que acontecem dentro do Sol que o tornam quente e o fazem gerar luz." E ele insiste: "Quais?". Aí, se você for adiante, vai acabar explicando fusão nuclear para ele. Essa capacidade de perguntar talvez exija uma nova reflexão nossa sobre o papel da simulação – e aí eu firmo posição de que jogos são simulações. Além disso, nem só as crianças são capazes de aprender com eles... não! Nós, adultos, simulamos o tempo todo, só que somos muito bons em esconder!

ZECA – É possível dizer que uma manifestação cultural como o maracatu, do qual você participa, também é uma simulação?
Meira – O maracatu é um jogo cultural. Lá, tenho um processo de combinação artesanal para tentar sincronizar meus movimentos

> Vivendo numa sociedade que não nos permite errar, que tem uma dificuldade muito grande de entender tentativa e erro, acabamos nos esquecendo disso.
>
> **Do começo até o fim da vida, estamos jogando um jogo de aprendizado permanente.**

com os de todo mundo com que estou tocando, para que aquela batida dê certo. Na realidade, o que eu estou querendo com aquela batida sincronizada é fazer com que as pessoas que estão ao meu redor se sintam impactadas e entrem na dança ao som daquela batida. Em última análise, a gente quer impactar um público, quer que todo mundo entre no mesmo jogo, na mesma simulação de universo que existe em várias situações: quando entro numa boate, ou numa corrida de cavalos, ou numa vaquejada ou numa corrida de automóvel...

ZECA – Em todos esses processos, sempre é possível separar o que é real do que é virtual?
Meira – A criança separa o jogo do mundo real porque vê que aquilo tem cara de simulacro. Ela diz: "As coisas reais são em 3D,

posso pegar nelas. Aquilo ali está separado de mim por uma tela". É o mesmo processo que acontece quando as crianças ligam a televisão, o rádio, ou seja lá o que for, e desligam para ver se a coisa desliga mesmo, aí ligam de novo... O que elas percebem é o determinismo: "Toda vez que eu apertar esse botão, ele liga, e toda vez que eu apertar de novo, ele desliga. Uma vez que elas estão convencidas daquilo, os neurônios estão programados para dizer: "Bom, isso aqui funciona assim". E aí passam para o próximo nível.

ZECA – E esse processo continua na vida adulta?
Meira – É como se você entrasse num carro de auto-escola. Ali você está num jogo – um jogo chamado trânsito, em que você tem um carro todo pintado, com os dizeres: "Cuidado, imbecil dirigindo", e tem um cara ao seu lado com a opção de desligar seu jogo. Quando você vai fazer uma besteira, ele aperta o freio ou faz alguma outra coisa. Aquilo é um jogo também.

ZECA – Por que é tão difícil perceber que estamos sempre num jogo?
Meira – Vivendo numa sociedade que não nos permite errar, que tem uma dificuldade muito grande de entender tentativa e erro, acabamos nos esquecendo disso. Do começo até o fim da vida, estamos jogando um jogo de aprendizado permanente. Nossos neurônios estão jogando esse jogo. Desde sempre: por que a maioria das crianças pega uma bola e chuta? Do zero? Por que ele não erra duzentas vezes? Porque ele já simulou, num jogo mental, milhares de vezes... Alguém já chutou, chutou, chutou... Então, ele bota a bola no chão e, de primeira, lá vai ela! A cada passo que a humanidade deu nos últimos 15 mil anos, desde que

nos estruturamos basicamente como humanidade, desde que montamos uma certa noção de história, a humanidade vem sendo construída através de experiências virtuais.

ZECA – Mas o processo vai ficando cada vez mais sofisticado...
Meira – Ele vai mudando de patamar o tempo todo, vou agregando mais linguagem, mais sofisticação lingüística. Vai crescendo o grau de virtualizações, vou agregando mais tecnologia, jogos, filmes, multimídia, foguetes, etc. Vou agregando cada vez mais regras.

ZECA – As novas gerações, então, têm facilidade de lidar com mais simulações?
Meira – Hoje, as crianças nascem em um mundo que tem *videogame*, internet, escolas que têm acesso à internet desde os primeiros estágios (e tomara que isso seja estendido a todas as crianças de todas as escolas de todos os níveis). Elas procuram no Google, na Wikipedia – e aquilo faz parte do ambiente delas, elas nascem com isso. Então, essa história de "Ah, eu tenho uma dificuldade de lidar com tecnologia" não acontece com quem tem 3 anos de idade, ou 5, ou talvez nem com quem tenha 10. Isso só acontece com quem tem 40! Conheço um bocado de gente que diz: "Ah, não vou usar *e-mail*". Problema seu, eu uso... Daqui a duzentos anos, alguém dizer que não usa e-mail será a mesma coisa que dizer: "Eu me recuso a falar, não vou me comunicar com as pessoas".

ZECA – Mas as pessoas mais velhas têm uma enorme resistência.
Meira – Meu pai tem 82 anos e, com algumas aulas de internet, já está lendo jornal, mandando *e-mail*, vendo *sites*... Não exige um grande investimento: um mês é suficiente. Não é um grande passo:

é um processo de perda de medo, de quebra de barreira. O fato de a humanidade ter chegado até aqui é uma prova disso: se a gente precisar aprender alguma coisa pra sobreviver, vai aprender.

ZECA – Além desse aprendizado, é possível especular sobre outros benefícios, mais práticos, dos *videogames*?
Meira – Determinados jogos, daqueles que você atira em alguém que está querendo "matá-lo", comprovadamente resolvem problemas de profundidade e precisão de visão. Problemas de estrabismo ou desvios no olho são resolvidos de forma muito mais efetiva por esses jogos do que pelo processo tradicional de você colocar um prisma no olho, olhar para uma letra e fazer um baita esforço físico.

ZECA – Estamos falando dos processos que envolvem os *videogames*, mas Steven Johnson acredita que tudo o que teoricamente é ruim para você na cultura popular na verdade é bom...
Meira – É o exercício mental, e não é só no jogo: é no teatro, no filme, na novela, no show. Você acompanha um argumento sofisticado. Você está sempre exercitando sua mente.

ZECA – O mundo moderno exige um nível de simulação mais sofisticado então? Como chegamos ao estágio atual?
Meira – Nas poucas tribos que vivem num grau muito grande de isolamento em florestas – na Amazônia, em Papua Nova Guiné, nas Filipinas, na Tailândia e em lugares muito remotos –, as pessoas têm um argumento muito simples na vida: "Eu acordo, procuro comida e, eventualmente, se eu conseguir, não sei se passo fome ou não". Mas o bombardeio cognitivo, o bombardeio de conhecimento a que estamos sujeitos hoje no mundo suposta-

mente civilizado, exige um grau de abstração muito maior, ou seja, um grau maior de separação da sua vida real para se conectar com os processos que estão acontecendo ao seu redor. Quando você assiste a um filme como *Matrix*, você diz: "Estou olhando para essa simulação de um mundo que é uma simulação dentro de outro". Então, para entender aquilo, você precisa se separar do seu nível real em vários graus.

ZECA – Então as pessoas estão sempre preparadas para um *upgrade* nessa experiência cognitiva?
Meira – O público não é tão idiota como os críticos muitas vezes pensam. O público é um conjunto muito sofisticado de criaturas que está do lado de lá da tela (do cinema, da TV ou do computador) e pode acompanhar dez trilhas simultâneas. A preparação que o público tem hoje – no mundo todo – faz com que as pessoas tenham grande capacidade de acompanhar muitas histórias ao mesmo tempo. Mesmo pessoas que aparentemente não têm nenhuma educação sofisticada para ver aquilo conseguem claramente lhe dizer: "Fulano está fazendo isso, que tem a ver com tal coisa que Cicrano está fazendo em outra história..." Na realidade, o que elas estão vendo ali é um conjunto multitrilha de ações, que estão acontecendo em paralelo dentro de uma seqüência lógica de um filme, de uma novela, de uma competição e seja lá o que for.

ZECA – Então, podemos ser otimistas em relação ao futuro, quer dizer, temos uma tendência a só aumentar nossa capacidade?
Meira – Muito otimistas. Acho que a gente está agüentando muito bem. As pessoas não estão ficando mais neuróticas porque o mundo está ficando mais complexo. Elas podem estar ficando mais neuróticas por outras razões, mas certamente não porque as coi-

sas estão mais abstratas e há mais coisas que precisamos entender. Estamos mais neuróticos talvez porque o trânsito está mais complicado, mas não porque as séries de televisão estão mais complexas ou porque os jogos estão cada vez mais complexos. A separação entre realidade e ficção é cada vez maior. O futuro é um futuro cada vez mais sofisticado, cada vez mais abstrato, cada vez mais virtual, no qual a gente vai ter uma dificuldade muito grande de separar o que é o mundo real – que eu posso pegar – do que é um mundo que eu não posso pegar, mas que é real também.

ZECA – Há pouco tempo, vi na televisão um jogador de futebol dizer que só conhecia o Ronaldinho Gaúcho de um *videogame*...
Meira – Claro, ele jogou com ele. E tem mais: quando você pega isso nos jogos de futebol, você pode pegar isso em corridas de carro, etc. Não é muito diferente das capas que nós todos vestimos para nos apresentar aos outros e à sociedade. Temos as nossas capas... De certa maneira, não estamos fazendo nada de novo quando o mundo se virtualiza e temos séries, novelas, filmes e jogos: estamos criando lá pedaços de coisas que já estamos criando aqui.

ZECA – Então a perspectiva é positiva?
Meira – A mensagem otimista é: não só não preciso ter medo do mundo virtual, mas deveria haver até um certo anseio, uma certa necessidade de ir lá e ver o que é, porque não é nada diferente do que está sendo feito aqui. Resta talvez aquela visão otimista dos homens e das mulheres da Terra: se alguém pode fazer, todo mundo pode...

SONHAMOS COM A IDÉIA DE ALCANÇAR A FELICIDADE, MAS NÃO SABEMOS ELABORAR UM CAMINHO ATÉ ELA OU MESMO ADMINISTRAR ESSA FELICIDADE quando ela chega. Lembra-se da Elaine, vencedora do primeiro *reality show*, *No limite*? Ficou rica e famosa da noite para o dia – mas quem disse que todos seus problemas foram resolvidos? O mesmo acontece no sentido inverso, o do sofrimento. Imaginamos que uma grande dor (a perda de um ente querido ou um acidente grave) vai nos tirar toda a alegria de viver. Mas Cyrillo, um psicólogo que teve o braço amputado por uma hélice de avião nos deu uma lição de reconstrução da vida.

memória e imaginação
Armadilhas da mente

Hoje, joga no gol e dirige o carro com uma só mão. "A questão não é a tragédia, mas como lidar com ela. Se a pessoa só ficar olhando para a tragédia, vai esquecer de investir tempo e energia para encontrar soluções e qualidade de vida." Quem levanta esse questionamento na nossa série é o psicólogo e professor de Harvard, Daniel Gilbert, que sugere que somos freqüentemente surpreendidos por armadilhas tanto da nossa memória quanto da nossa imaginação. E, para entender melhor esse grande mistério que é nosso cérebro, entrevistamos, no mesmo episódio, o neurologista da Unicamp Fernando Cendes.

DANIEL GILBERT é professor de psicologia na Harvard University e diretor do Hedonic Psychology Laboratory nessa mesma universidade. Recebeu inúmeras distinções como professor e pesquisador, entre elas o prêmio da American Psychological Association. Tem colaborado em publicações importantes como *New York Times*, *Scientific American*, *Forbes*, *Psychology Today*, entre muitas outras. Como autor de ficção científica – um sonho de juventude –, publicou contos em *Amazing Stories* e na *Asimov's Science Fiction Magazine*, assim como em outras revistas e antologias. Seu livro *Stumbling on happiness*, publicado em português com o título *O que nos faz felizes*, é um *best-seller*.

ZECA CAMARGO – Vou começar pelo título do livro (*Stumbling on happiness*, algo como "Tropeçando na felicidade"). Você quis dizer que muitas vezes esbarramos na idéia de felicidade sem nem nos darmos conta?

Daniel Gilbert – *"Stumbling"*, na verdade, tem dois significados: descobrir por acaso, como um cientista que acaba descobrindo algo repentinamente; e também cair, quando você tropeça em alguma coisa. Eu quis dar esses dois sentidos: como descobrimos a alegria e, principalmente, falar sobre os erros que cometemos – caímos tentando alcançar a felicidade.

ZECA – Somos nós mesmos os culpados por tropeçar na felicidade sem perceber? A culpa é da nossa memória e da nossa capacidade falha de imaginar?

Gilbert – Sim. Cometemos um erro em busca da felicidade por dois motivos principais. Primeiro, a imaginação é como um amigo não muito confiável que comete erros, como a nossa memória: lembramos de algo e nos enganamos. E, quando olhamos para o futuro, a imaginação pode nos mostrar coisas não da maneira real ou, principalmente, pode nos fazer sentir algo de modo irreal. A segunda razão para cometermos erros em busca da felicidade futura é termos idéias muito erradas sobre a felicidade.

ZECA – Como podemos nos preparar para esse conhecimento? Somos de alguma forma conscientes de tais erros?

Gilbert – Muitas pessoas acham que sua vida e as coisas que desejam acabam não proporcionando tanta felicidade quanto imaginavam. Por outro lado, coisas que temiam que acontecessem acabaram não sendo tão trágicas quanto elas imaginaram. Vamos pela vida descobrindo que cometemos erros e imaginando como seríamos felizes ou infelizes em situações diferentes. Não é incomum encontrarmos pessoas que, depois de passarem por traumas ou tragédias que poderiam tê-las deixado devastadas, dizem que essas foram as melhores coisas que lhes aconteceram, porque sua vida mudou para melhor.

ZECA – Você cita no livro exemplos radicais de tragédias – traumas que a maioria das pessoas nem quer imaginar.
Gilbert – Sim, as pessoas fazem de tudo para evitar pensar. Já os que passaram por tais experiências dizem que tiveram bons e maus momentos e, surpreendentemente, mais momentos bons do que ruins. Por exemplo, há estudos científicos sobre pessoas que perderam a visão, perderam os movimentos das pernas, perderam a família, perderam amigos, e acabaram descobrindo que são muito mais adaptáveis do que imaginavam.

ZECA – Por que pensamos que somos tão pouco adaptáveis?
Gilbert – Talvez devido à natureza: acreditamos que acontecimentos ruins serão terríveis, e por isso nós os evitamos. Porém, quando acontecem, nós nos adaptamos muito rapidamente, nos levantamos e continuamos.

ZECA – Isso tem a ver com o que você descreve no livro como sistema psicológico imunológico? Nós realmente possuímos esse sistema?
Gilbert – Claro que é uma metáfora. Não há, na realidade, um lugar no cérebro onde se possa achar um sistema psicológico imunológico. Mas a mente trabalha como se fosse um sistema imunológico. O sistema imunológico do corpo nos protege contra vírus e bactérias, e o psicológico, contra os ataques do cotidia-

no: insultos, tragédias, adversidades. Ele provoca uma transformação da nossa visão do mundo para melhor, nos faz ver o mundo de uma melhor maneira. O ser humano é muito bom em modificar o que pensa sobre o mundo para se sentir melhor.

ZECA – É algo que está nos nossos genes? Precisamos disso para sobreviver?
Gilbert – Não há dúvidas sobre isso. Imagine que muitos e muitos anos atrás havia duas espécies. Uma delas, quando algo de ruim acontecia, se deitava no chão e chorava. A outra dizia que não era tão ruim assim, e que aquele fato poderia se tornar uma coisa boa. Somos, por natureza, descendentes da segunda espécie – e temos que ser, porque os que pertenciam à primeira espécie não viveram tempo suficiente para se reproduzir.

ZECA – Bem, então evoluímos e chegamos até aqui usando esse poder de imaginar. Mas parece não aprendemos muito com nossos erros. No livro, você divide os enganos que a mente pode nos trazer em três tipos diferentes: os relacionados com a memória, os relacionados com o presente e os relacionados com o futuro. Começando pelo primeiro: a memória não está o tempo todo do nosso lado?
Gilbert – Não. A memória nos prega algumas peças, e todo mundo sabe disso. Às vezes, você se lembra de alguma coisa que aconteceu na sua infância e fala sobre isso na hora do jantar, mas seus pais dizem que não foi nada disso que aconteceu. É assim que a memória brinca conosco, e de uma maneira muito sistemática. E esses enganos nos fazem ter uma previsão irreal do futuro. Por exemplo: você vai assistir a um jogo de beisebol, fica lá sentado o tempo todo e quase nada acontece. O jogo está monótono,

> Muitas pessoas acreditam que um acontecimento bom tornará sua vida muito melhor, assim como um acontecimento ruim a fará muito pior. **Acreditamos que os eventos futuros terão um impacto mais forte do que na realidade eles terão.**

Mas, no finalzinho, seu time faz um ponto e ganha. Você vai se lembrar desse jogo como um dos melhores momentos da sua vida, mas na verdade foram duas horas e meia de um jogo extremamente chato, e somente três minutos de excitação. A memória adora se lembrar dos momentos mais extraordinários.

ZECA – Então, manipulamos nossa memória para nos proteger, para sermos mais felizes?
Gilbert – Isso é verdade, mas também é verdade para os eventos negativos. Alguém pode passar por uma experiência longa, que teve somente um pequeno momento negativo, e se lembrar dela como se tivesse sido toda negativa. O fato é que a memória

nos prega peças quando nos faz lembrar do passado e a usamos para prever o futuro. Lembra-se da pessoa que foi àquele jogo chato em que seu time ganhou só no final? Se você a convidar para ir a um jogo no mês seguinte, ela irá. Achando que vai se divertir bastante, ela até comprará um cachorro-quente e uma cerveja Depois de um tempo, ela vai pensar: "O que é que eu estou fazendo aqui? Onde foi que eu errei? Isto não tem a menor graça!". Essa é uma experiência pela qual todos nós passamos em nossa vida. É comum.

ZECA – Que erros cometemos quando nos referimos ao presente?
Gilbert – O presente nos prende de maneira muito dura, e é muito complicado escapar usando a imaginação. Uma experiência pela qual todo mundo passa, por exemplo: fazer compras no supermercado quando se está com fome. À medida que a pessoa vai andando pela loja, acha tudo maravilhoso, tudo parece extremamente gostoso. Porém, ela está avaliando mal suas sensações – sua experiência presente –, pois acha que, no dia seguinte, tudo vai parecer tão bom quanto agora. Agora ela está com fome, mas amanhã, quando já estiver saciada, talvez nem tudo o que comprou seja do seu agrado. Ela abre a geladeira e se pergunta por que comprou um produto do qual nem gostava. É dessa forma que os sentimentos do presente fazem com que seja muito difícil prever os sentimentos do futuro.

ZECA – E quais são os erros que envolvem nosso futuro? Sobre o que eles são?
Gilbert – Muitas pessoas acreditam que um acontecimento bom tornará sua vida muito melhor, assim como um acontecimento ruim a fará muito pior. Acreditamos que os eventos futuros terão

um impacto mais forte do que na realidade eles terão. Além de pensarmos que o futuro será bom, também achamos que as coisas ruins serão muito piores do que realmente serão. A ciência nos diz que a maioria dos acontecimentos tem um impacto pequeno na nossa felicidade. A maioria dos acontecimentos ruins não muda nossa maneira de ser feliz por muito tempo. Então, quando pensamos no futuro, achamos que, se ganharmos na loteria, seremos felizes para sempre. Mas pode acontecer o contrário: você pode pensar que, se sua mulher o deixar, você ficará triste para sempre. Nenhuma dessas previsões acaba se tornando verdade. As pessoas acabam voltando a seu estado normal de felicidade muito rapidamente.

ZECA – Acho que isso acontece no caso de grandes tragédias, como o 11 de setembro.
Gilbert – Exatamente. As pessoas que estavam no meio dos acontecimentos ainda estão sofrendo bastante, porque muitas delas perderam muita coisa e ainda não conseguiram se recuperar. Mas, por causa de 11 de setembro, todos os americanos pensaram que ficariam tristes para sempre. Na verdade, aqueles que não moram em Nova York se recuperaram rapidamente, e por volta de 11 de outubro já estavam muito bem. Isso não significa que não temos coração, que não nos importamos. O ser humano tende a prestar mais atenção ao momento presente, e não gasta muito tempo pensando no passado ou no futuro. É claro que existem acontecimentos que nos afetam, mas, quando eles passam a fazer parte do passado, dia após dia nos afetam cada vez menos.

ZECA – Não seria mais simples se vivêssemos apenas o presente?
Gilbert – Não. Todos os problemas relacionados à nossa espécie

foram causados por pessoas que se preocupavam somente com o momento. Se a temperatura do nosso planeta aumentar mais, como está aumentando, é por culpa de pessoas que só se importam com o momento que estão vivendo agora, sem se preocupar com o amanhã. Acredito muito em pensar sobre o futuro. Se existe algum perigo, é o de pensarmos muito no presente.

ZECA – Você sempre fala sobre a mente, que ela faz isso, que ela faz aquilo... Parece que não controlamos nossa mente. Como podemos não estar cientes do que a mente está fazendo conosco?

Gilbert – Essa é uma grande pergunta. Há anos os psicólogos – e também os filósofos – se preocupam com isso: como podemos nos enganar? Pregamos peças em nós mesmos? Uma vez vi um comediante dizer que a mente era a parte mais incrível do corpo humano. Então, rapidamente, ele pensou: "Ei, quem foi que me disse isso?". Claro que foi o cérebro. A razão é que cada ser humano é, de fato, diferente do outro. Não devido à estrutura corporal, mas devido à parte que cada um usa para compreender o outro. Por exemplo, a parte que você está usando para conversar comigo agora – o ser consciente que fala – é uma parte muito pequena do seu cérebro. É como se você tivesse dentro da sua mente, por trás da cena, atores diferentes, com objetivos diferentes, motivações diferentes, e que podem controlar aspectos diferentes das suas ações. O comportamento do ser humano é um conjunto de atores que habitam sua mente. Quando enganamos a nós mesmos, isso significa que uma parte da nossa mente está enganando a outra.

ZECA – Como assumir o controle disso?
Gilbert – Existem maneiras de fazer melhores previsões sobre

nossa felicidade futura. As pesquisas indicam que existe um método, mas que ninguém gosta de usá-lo. Ele é tão simples que você vai se perguntar por que os cientistas perderam tempo em estudá-lo. O método é: NÃO USE SUA IMAGINAÇÃO. USE A EXPERIÊNCIA REAL DE OUTRAS PESSOAS. Qualquer coisa que você imaginar para o seu futuro com certeza alguém já vivenciou no passado. Em vez de você se transportar mentalmente para o futuro para saber como se sentiria se ganhasse milhões de dólares, você pode ver como os que já ganharam estão. Esses dados estão disponíveis, e as pessoas espertas poderiam ver que os ricos não estão tão satisfeitos e concluir que não ficariam felizes só pelo fato de terem dinheiro. Só que ninguém usa essas informações; ninguém acredita nelas. Por quê? Porque acreditamos que somos pessoas únicas. Temos a tendência de pensar que nossa vida é diferente da vida de outra pessoa – nem melhor, nem pior: apenas diferente. Por isso nos recusamos a acreditar que uma pessoa que ganha um milhão de dólares sente a mesma coisa que nós quando se divorcia, quando é promovida, quando se muda de cidade. A verdade é que as pessoas têm reações muito parecidas em muitas situações. Por exemplo: todo mundo gosta mais de sorvete do que de um tapa na cabeça. As pessoas têm gostos parecidos, e por isso concordamos no que é bom, divertido e gostoso.

ZECA – Como se quebra esse encanto?
Gilbert – Não sei, e essa é a beleza da ciência. Algumas coisas nós sabemos, outras aprendemos, mas não tenho respostas para muitas das perguntas que me fazem.

ZECA – Mas não podemos ser um pouco otimistas e imaginar que, se interagíssemos mais, ouvíssemos mais os outros, talvez

achássemos mais ferramentas para lidar com as armadilhas da nossa imaginação?
Gilbert – É um bom conselho. Se eu tivesse que dar um conselho para alguém, depois de ler meu livro, eu diria para ele ser cético. Temos que ser mais céticos em relação àquilo que imaginamos e nunca vivenciamos, porque, quando imaginamos, podemos nos enganar. Eu ficaria muito feliz se alguém, ao terminar de ler meu livro, dissesse: "Talvez eu esteja cometendo um engano".

ZECA – Podemos chegar a essa conclusão sozinhos ou precisamos que alguém nos direcione para ela?
Gilbert – Tudo tem mais efeito quando alguém nos ajuda. Ouvir mais as pessoas pode ser muito útil. Há coisas que as pessoas podem lhe dizer. Por exemplo: como estão felizes agora. As pessoas têm mania de nos dizer como estão felizes naquele momento, mas nem sempre sabem como eram felizes e, com certeza, não saberão dizer como serão felizes. Não sabem dizer quanto são felizes de maneira geral. Não sabem o motivo de sua felicidade. Se você vai confiar na informação de alguém, não é uma boa idéia perguntar se deve ter filhos. Crianças fazem você feliz? As pessoas dão respostas interessantes, mas incorretas. O que você pode perguntar é como a pessoa está se sentindo naquele momento. Você junta a essa informação suas próprias evidências e chega a uma conclusão.

FERNANDO CENDES é neurologista, professor da Faculdade de Ciências Médicas da Universidade Estadual de Campinas, professor visitante da Montreal Neurological Institute and Hospital Mcgill University e presidente da Liga Brasileira de Epilepsia. É membro do corpo editorial de publicações especializadas, como *Epileptic Disorders*, *Epilepsia* e *Journal of Epilepsy and Clinical Neurophysiology*. Tem desenvolvido pesquisas no campo da eletrencefalografia, epilepsia e neuroimagem. É um dos organizadores do livro *Epilepsia*, uma coletânea de artigos científicos cujo objetivo é enriquecer o conhecimento teórico e principalmente prático dos interessados nos cuidados que se deve ter com pacientes epilépticos.

ZECA CAMARGO – Com relação à memória, o que nos diferencia dos outros animais?

Fernando Cendes – Grande parte da memória é comum entre diversos seres, em diversas fases da evolução – ou seja, a fase inicial de processamento da memória passa por processos muito semelhantes. O que difere é o que será feito depois com essas informações. A partir da evolução humana, o lobo frontal principalmente, junto com outras regiões do cérebro, faz com que possamos organizar essa memória, trabalhar com essas informações de maneira diferente da dos outros animais.

ZECA – Então o ser humano é o único capaz de elaborar esses registros e usar tudo de uma maneira coordenada?

Cendes – Sim, usar essas informações para planejamentos futuros.

ZECA – Isso tem a ver com o modo como organizamos nossas lembranças?

Cendes – A memória é armazenada definitivamente no cérebro de maneira tal que acaba sendo bem fragmentada e bem difusa.

ZECA – E isso é uma vantagem?

Cendes – O fato de ela ser fragmentada faz com que possamos utilizá-la de várias maneiras, combinando, recombinando e recompondo todas essas lembranças – e isso podemos usar no sentido positivo ou negativo da nossa vida. Então, depende do indivíduo.

ZECA – Já vamos explorar isso, mas, antes, queria saber se essa maneira fragmentada como armazenamos a memória acaba servindo como uma proteção?

Cendes – Sim, é uma proteção. A memória definitiva faz parte da nossa identidade, como se fosse a nossa biografia. E sua distribuição acaba sendo uma proteção, porque, se sofrermos uma lesão localizada no cérebro, por exemplo, ou um acidente, um traumatismo no crânio, não vamos perder a maior parte da nossa informação biográfica. Parte dela vai estar guardada em outra parte do cérebro. E vai ficar ali, independente dessa lesão.

ZECA – Como ocorre esse processo?

Cendes – Nossa memória não é apenas bem fragmentada, mas também seletiva. Não é como um videoteipe, onde se grava absolutamente tudo o que acontece. Hipoteticamente, isso tem várias vantagens. A primeira delas seria a economia – literalmente, uma economia de espaço. Não vamos usar espaço desnecessariamente para armazenar coisas que não são úteis. Outra vantagem é que, como ela é composta de fragmentos, podemos modificar esses registros da nossa vivência para nos preservar. Por exemplo, se uma pessoa foi vítima de uma catástrofe, pode esquecer seletivamente aspectos daquele evento para continuar vivendo e, talvez, até elaborar pontos positivos daquele acontecimento traumático.

ZECA – Seria quase como um instinto de sobrevivência?

Cendes – É mesmo um mecanismo de defesa, que ajuda a impulsionar o indivíduo para a frente. Voltando ao lobo frontal: até onde sabemos, o ser humano é o único animal capaz de planejar o seu futuro. Então, utiliza esses fragmentos de memória para fazer esse planejamento.

ZECA – Mas não é justamente no planejamento do futuro que podemos cometer erros de projeção?

> A mente registra a história de alguém que ficou rico e melhorou de vida, e seleciona o aspecto de que o dinheiro traz felicidade – e somente isso. É como se as relações humanas e outros fatos da vida não fossem importantes. **Isso pode ser um grande equívoco.**

Cendes – Sim, assim como cometemos vários equívocos na lembrança do passado. É muito comum lembrarmos de uma vivência da infância, mas não como realmente aconteceu.

ZECA – Se formos perguntar a nossos pais...
Cendes – Eles vão falar que não foi exatamente assim. Por quê? Porque usamos esses fragmentos para recompor essa lembrança – e fazemos isso com bastante...

ZECA – ... liberdade poética?
Cendes – Sim. A mesma coisa acontece com nossas projeções para o futuro. E não poderia ser diferente. Se tivéssemos uma memória videográfica, não teríamos essa maleabilidade de construir e imaginar o futuro, porque o registro exato de tudo o que vivemos não deixaria. Então, seletivamente, podemos usar parte de nossas experiências, as que foram positivas, e esquecer as negativas, e assim imaginar um futuro muito mais positivo do que ele realmente será... ou seria.

ZECA – Mas, quando fazemos essa projeção sem muita base, é como se permitíssemos que a mente nos enganasse?
Cendes – Sim. Para dar um exemplo: a mente registra a história de alguém que ficou rico e melhorou de vida, e seleciona o aspecto de que o dinheiro traz felicidade – e somente isso. É como se as relações humanas e outros fatos da vida não fossem importantes. Isso pode ser um grande equívoco.

ZECA – Como fazemos isso conosco? Como é possível "esquecer" nossas experiências?
Cendes – Não só esquecemos nossa experiência, mas esquecemos também de conversar com as outras pessoas. Duas ou três pessoas que observam o mesmo evento terão lembranças diferentes dele, porque a memória é seletiva para cada pessoa. Tudo vai depender do seu estado de espírito naquele dia, do seu humor, do seu interesse por aquele assunto. Assim, quanto mais impressões sobre um mesmo fato pudermos colecionar, melhor. Voltando ao exemplo do dinheiro e da felicidade: se conversarmos com outra pessoa que tem muito dinheiro, que viveu essa experiência, ela vai nos dizer que não é bem assim, claro!

ZECA – Isso nos ajudaria a cometer menos erros nas projeções?
Cendes – Muitas pessoas bem-sucedidas nos negócios, na vida acadêmica, etc., normalmente ouvem a experiência de outras pessoas. Acredito que sim, que isso nos ajuda a construir uma perspectiva de vida mais otimista e mais positiva.

ZECA – Mas as pessoas têm uma certa resistência a consultar as outras...
Cendes – O natural do ser humano é imaginar que é o centro do

universo – até por um mecanismo de proteção da sua identidade. Mas o indivíduo precisa trabalhar essa situação para não se tornar auto-referente demais e muito apegado a lembranças ou reminiscências que podem ser falsas – ou melhor, falsas no sentido de otimistas, porque levam em conta apenas o seu ponto de vista.

ZECA – Até porque são muito pessoais...
Cendes – Muito pessoais...Não têm um horizonte, um universo maior.

ZECA – Estamos falando de projeções otimistas, mas existem pessoas que vão na outra direção e têm a tendência de achar que tudo vai dar errado.
Cendes – Isso pode acontecer, por exemplo, com pessoas que estão deprimidas. Nesse caso, existe um fator biológico que faz com que essas pessoas provavelmente busquem o lado mais negativo da sua experiência para a projeção futura.

ZECA – Então, qualquer pessoa pode estar sujeita a variações nessas suas avaliações?
Cendes – Nosso plano de vida é diferente no dia em que estamos contentes, alegres, satisfeitos com alguma coisa, e naquele dia em que estamos desanimados porque aconteceu um fato ruim no nosso cotidiano. Então, pensamos no futuro de acordo com o nosso humor naquele dia.

ZECA – Se a saída é conversar, trocar idéias, que pessoas deveriam ser minhas referências?
Cendes – Um amigo, um terapeuta, um sacerdote – essas pessoas sempre desempenharam um papel importante na socieda-

de, porque são pessoas de referência, capazes de trazer experiências diferentes para esse indivíduo, para que ele possa pensar de uma forma mais otimista, ou não tão otimista, sobre os assuntos da sua vida.

> Quando estamos com alguma dificuldade, corremos para os amigos, vamos conversar com alguém mais próximo. **É uma coisa até instintiva, natural.**

ZECA – Especialmente quando passamos por um grande trauma – um acidente, uma doença ou a perda de alguém muito querido...

Cendes – É nesses momentos que precisamos realmente de suporte externo. As pessoas que estão próximas, os amigos, conselheiros – o que seja –, vão nos dar esse suporte, tentar nos jogar para a frente, nos direcionar para aspectos mais positivos da vida. Ou seja, tentar mostrar que a vida não acaba ali: existem mais coisas, existem outras pessoas na nossa vida, etc.

ZECA – Mas justamente nessas situações de trauma fica difícil ouvir os outros... O que acontece na mente diante da tragédia?

Cendes – Nesses momentos, a pessoa fica muito perdida realmente. Então, ela tem uma confusão muito grande em relação às experiências vividas, e passa a viver muito aquele presente ou aquele passado muito próximo – o acontecido, a tragédia – como se fosse a única referencia. A mente passa a ser ocupada por aquela tragédia. O indivíduo deixa de ver a perspectiva futura, deixa de planejar o futuro, deixa de usar as informações positivas que já teve, e fica revivendo a tragédia.

ZECA – Mas é possível superar isso, certo?
Cendes – É possível superar, principalmente com ajuda externa. Quando o indivíduo se volta para outras pessoas e troca experiências, pode reorganizar sua linha de pensamento.

ZECA – Na teoria... parece fácil de entender, mas como a pessoa que está passando por um processo desses pode – seja num aspecto positivo ou negativo – perceber o que está acontecendo?
Cendes – Acho complicado explicar isso, mas acredito que todo mundo pode buscar uma saída para essa situação de uma forma bastante natural. Quando estamos com alguma dificuldade, corremos para os amigos, vamos conversar com alguém mais próximo. É uma coisa até instintiva, natural. Acredito que todos passam por isso – o difícil é explicar.

ZECA – Podemos, também instintivamente, aprender com as experiências dos outros?
Cendes – Claro. Já fazemos isso. Por exemplo, quando você lê um livro, o que você faz é usar a experiência de outra pessoa, uma pessoa que escreveu sobre sua própria vida, que relata seus ensinamentos – e que provavelmente colocou ali a experiência de outros também. Para dar um exemplo mais óbvio, temos a figura do ex-atleta que se torna treinador e passa sua experiência para os atletas em desenvolvimento, em fase de treinamento. Essa tro-

ca é o que faz o ser humano viver em sociedade. O que faz com que você more em São Paulo – e não num lugar onde não mora ninguém e você estaria sozinho. Você está no meio de uma grande metrópole porque está próximo de outras pessoas e pode trocar experiências com mais facilidade. Precisamos disso. Buscamos o convívio social, e a busca do convívio social está justamente relacionada a essa troca.

ZECA – Estamos buscando sempre fazer alguma coisa melhor...
Cendes – Mas não só melhor. Estamos tentando também agregar outras pessoas na nossa comunidade. A sociedade cresce, e, à medida que ela cresce, o indivíduo também cresce. E, para poder progredir, o indivíduo precisa dos outros próximos.

ZECA – Mas, voltando à formação da memória, como seu trabalho está relacionado a isso?
Cendes – A partir de uma doença chamada epilepsia, estudamos vários aspectos do funcionamento do cérebro, principalmente um deles: a memória, os circuitos de memória e, mais especificamente, como ela pode ser afetada por lesões e disfunções no cérebro, e que circuitos de memória são necessários ou ativados para determinadas atividades, como, por exemplo, lembrar uma palavra, uma cena...

ZECA – Lembrar um rosto?
Cendes – Lembrar um rosto... Sabemos que as estruturas cerebrais que estão envolvidas quando uma pessoa lembra um fato passado são muito parecidas – ou muito próximas – das estruturas que são ativadas quando o indivíduo imagina o futuro. Fragmentos de memória são utilizados para imaginar o futuro. Em

estudos de imagem funcional, as partes do cérebro que são ativadas para o indivíduo lembrar fatos passados são as mesmas que são ativadas quando ele imagina uma situação futura.

ZECA – Esse mecanismo é algo que sempre tivemos?
Cendes – Esse mecanismo já vem pronto, sim. Agora, é claro que o exercício sempre o aprimora. Assim como se pode exercitar o músculo, o cérebro também pode ser exercitado – podemos exercitar a memória lendo mais, pensando mais, e assim por diante.

ZECA – Seguindo esse raciocínio, é possível também exercitar a imaginação?
Cendes – Isso é o que todo artista faz. Ele exercita sua imaginação, e isso faz parte do processo criativo. E todo mundo pode fazer isso.

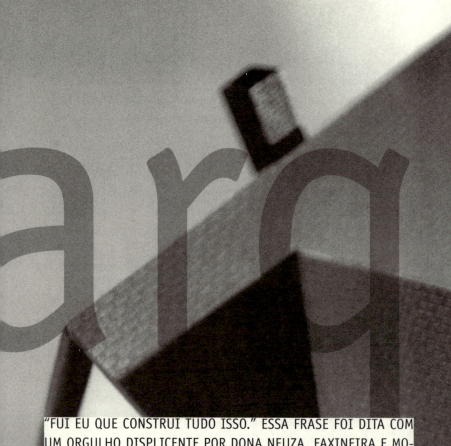

"FUI EU QUE CONSTRUI TUDO ISSO." ESSA FRASE FOI DITA COM UM ORGULHO DISPLICENTE POR DONA NEUZA, FAXINEIRA E MORADORA DO BAIRRO PAULISTANO da Vila Brasilândia. Nesse endereço inóspito, ela foi intuitivamente desenhando seu espaço, sem se dar conta de que, como arquiteta amadora, queria transformar seu universo mínimo em um refúgio de beleza e paz, segundo seus próprios critérios. Coisa não muito diferente fez a moradora da Favela do Moinho (também em São Paulo), a bordadeira Carla Schuh, para quem é possível ter um cantinho gostoso, mesmo que simples e pobre: "Com um pouquinho de boa vontade, a gente pode se aproximar o máximo possível do

arquitetura
A casa nunca está pronta

que a gente chama de casa". Ela colocou um número aleatório na porta do seu barraco, o número 123, que, segundo ela, reflete sua vontade de crescer. Com isso, quer encontrar um pouco de ordem no caos urbano. Essa é a preocupação da geógrafa da USP, Ana Fani Carlos, entrevistada desse episódio. Também contribuindo com um olhar diferenciado sobre a arquitetura, o filósofo suíço Alain de Botton reflete sobre nossa preocupação em morar bem e trazer certa dose de beleza para nossa vida – seja na periferia de São Paulo ou na paisagem deslumbrante do Jardim Botânico, no Rio, onde visitamos uma casa projetada pelo arquiteto Sérgio Rodrigues.

ALAIN DE BOTTON nasceu em Zurique, na Suíça, em 1969 e hoje vive em Londres. Seus livros refletem suas experiências e idéias, assim como as de artistas, filósofos e pensadores – um estilo que tem sido chamado de "filosofia da vida cotidiana" Seu primeiro livro, *Ensaios de amor*, analisava o processo pelo qual alguém se apaixona e desapaixona. Com *Como Proust pode mudar sua vida*, De Botton atingiu um público internacional. Em *A arte de viajar*, aborda temas da psicologia da viagem, e, em *Desejo de status*, analisa a ansiedade gerada pelo que os outros pensam de nós. Seu último livro, *The architecture of happiness*, discute questões como beleza e feiúra na arquitetura. Todos esses livros foram transformados em documentários assinados pelo próprio autor.

ZECA CAMARGO – Em seus trabalhos anteriores, você fala sobre filosofia, viagens, *status*. Por que arquitetura, agora?
Alain de Botton – Sempre fui apaixonado por arquitetura e também por coisas que fazem as pessoas felizes ou infelizes. E me parece que as cidades, as ruas e as casas onde moramos são muito importantes. São elas que nos fazem felizes. Se você pensar na satisfação do homem, tem que estar interessado em arquitetura.

ZECA – Mas as pessoas raramente pensam na arquitetura dessa maneira.
De Botton – A arquitetura é como o tempo, faz parte do nosso meio ambiente e tem tanto impacto em nosso humor quanto o tempo. O tempo não nos faz felizes sempre, mas pode ajudar, ou piorar. Então, é como se sugerisse nosso humor, sem nos forçar a um determinado tipo de humor.

ZECA – Com um assunto como esse, é difícil saber por onde começar...
De Botton – Eu comecei em Londres, onde moro. As pessoas acham que Londres é uma cidade bonita, mas Londres é muito feia, em muitos aspectos. É como se algo tivesse saído errado.

ZECA – Fiquei meio chocado ao ouvir você dizer isso...
De Botton – Em certas partes da cidade, mais para o oeste, Londres se torna feia rapidamente, assim como toda cidade grande. Tenho certeza de que no Brasil também é assim. Em qualquer lugar do mundo, as cidades grandes não deram muito certo. Todos os dias, quando ando pelas ruas, sempre olho para todos os lugares e me pergunto: "Por que esta rua é tão feia?". Não é uma questão de dinheiro. As mais lindas ruas pelo mundo afora são

simples, tem uma arquitetura bem simples. A arquitetura simples é muito bonita. Dizer que as ruas são feias por falta de dinheiro é muito fácil. Na verdade, são idéias erradas. A arquitetura não fica certa por causa de idéias erradas. Passo o meu tempo pensando em idéias. É um desafio pensar qual será a boa idéia para produzir uma boa arquitetura.

ZECA – Como, por exemplo...
De Botton – Bem, é difícil... Meu livro é uma tentativa de dizer quais são as coisas que funcionam e quais as que não funcionam. Posso lhe dar um exemplo: que largura uma rua deve ter? É uma grande pergunta. Os arquitetos modernos, como Niemeyer e outros, pensavam que as pessoas precisavam de espaço porque vieram de favelas. Pensaram nas pessoas morando umas em cima das outras. Então resolveram liberá-las e construir ruas bem largas. Depois que as ruas estavam prontas, as pessoas disseram que as ruas largas não eram tão boas, porque, na verdade, não há sombra, não se pode ver nada e, para atravessar para o outro lado, leva-se quase dez minutos, você pode ser atropelado por um carro, etc. Só que bilhões já tinham sido gastos – é muito cara a arquitetura que não dá certo. Tem que ser uma idéia simples. Precisamos de ruas onde possamos caber, como se fossem quartos. Ruas que não sejam grandes demais e que nos ofereçam uma certa intimidade. Seria muito melhor se as cidades fossem assim, íntimas, com ruas íntimas, e não um caos, não pessoas umas em cima das outras. É algo muito simples, mas os arquitetos e engenheiros, quando planejam uma cidade, freqüentemente se esquecem do que nos faz felizes.

ZECA – O mesmo não acontece com os prédios? Alguns são tão diferentes, com uma visão tão pessoal, que talvez não sejam apropriados para as pessoas morarem neles.

De Botton – O problema do modernismo é que foi um movimento que acreditava que a maneira de fazer uma boa arquitetura era ser original, quebrar todas as regras, deixar o passado para trás, porque ele era ruim. Quebrar as regras é interessante em muitas áreas, especialmente em poesia, mas não se aplica a todas as áreas. Imagine se você estiver em um avião e o piloto resolver quebrar as regras da aviação e pousar de uma maneira artística. A arquitetura é interessante porque é em parte arte e em parte ciência. As cidades mais bonitas do mundo freqüentemente têm ruas comuns. Em Paris, Amsterdã, São Francisco, cada rua se parece com a outra – e isso não é um problema, porque gostamos disso. Desde que elas tenham um formato bonito, gostamos da repetição. Um dos problemas do modernismo é que ele decretou que tudo tem que ser diferente – inclusive as cidades, que parecem um caos. Parece que tudo está em conflito. Um pouco de ordem e de disciplina é muito importante em arquitetura.

ZECA – Quebrar algumas regras antigas não seria necessário?
De Botton – Sim, algumas coisas mudaram, e devemos prestar atenção nisso. Não há nada pior do que arquitetos que se fixam no passado. Em muitos países, nos Estados Unidos, na Austrália, muitos arquitetos estão construindo casas que parecem imitar o passado, mas dão uma impressão de falsidade, porque são feitas de plástico e se tornam ridículas. Precisamos de edificações que comuniquem, que passem a sensação do mundo em que vivemos agora. Sobretudo, é necessário um equilíbrio entre presente e passado. Acho que as melhores construções atuais são as que nos fazem ver de onde elas vieram. Quando as pessoas viajam, é bom que vejam,

no país onde estão, prédios que as farão se lembrar daquele país. A arquitetura mais deprimente é aquela que parece com a de qualquer lugar. O bom é chegar ao Brasil ou à Inglaterra e ver algo que diz que você está na Inglaterra – ou no Brasil. Existe algo na edificação que faz com que você se sinta naquele lugar específico. Essa é uma parte muito importante da arquitetura.

ZECA – Mas você diz em seu livro que não há o que possa ser chamado de "arquitetura nacional". Ou há? Onde fica o equilíbrio entre o que é local e o que é internacional?
De Botton – Não há uma resposta simples para essa pergunta. Você não pode dizer que um prédio brasileiro tem que parecer assim, ou que um americano tem que parecer assado. Isso é loucura. Mas acho que cada lugar tem seu tema, idéias no ar. Provavelmente isso tem a ver com a geografia, com o clima, com os materiais disponíveis – se há muita madeira, muita pedra, muito gesso –, com o solo, com a temperatura. Tem a ver com a história

> Toda arquitetura deve ser local, mas não precisa necessariamente ser exótica ou folclórica, algo de que todo turista precise se lembrar, um *souvenir*.
> **Tem que ser simples.**

do lugar, com as pessoas que moraram ali. Precisamos discutir sobre arquitetura local. Toda arquitetura deve ser local, mas não precisa necessariamente ser exótica ou folclórica, algo de que todo turista precise se lembrar, um *souvenir*. Tem que ser simples. Acho que os melhores arquitetos são aqueles que conseguem criar prédios que são reconhecidos, mas não por serem complexos.

ZECA – No seu livro, você menciona o Japão, onde os estilos são originais, mas muitas vezes se tornaram *kitsch*.
De Botton – Certo. Se você perguntar como é uma casa japonesa, todo mundo dirá que ela tem o teto naquele formato típico. Mas aí os japoneses constroem algo parecido, mas de plástico, e fica ridículo. Fui ao Japão e vi casa adoráveis, feitas com material moderno. Você olha de fora e acha que é tudo moderno, mas, quando entra, sente que não poderia estar em outro lugar a não ser no Japão, porque o arquiteto compreendeu o que é uma casa japonesa. Há os detalhes do jardim oriental, ou da iluminação. Os japoneses não gostam da luz direta do sol, e isso se reflete na arquitetura: o sol bate nas paredes e se reflete. A luz é difusa, como nas igrejas.

ZECA – Já que você mencionou, qual é a importância da arquitetura das igrejas para o homem?
De Botton – Acho que a arquitetura das igrejas é fascinante porque elas são exemplos de edificações que nos provocam sentimentos. Por que temos igrejas? Porque achamos que podemos ser uma pessoa em certos prédios e uma pessoa diferente em outros. Se construir uma igreja adorável, você estará mais próximo de Deus. Parece uma idéia maluca, mas é por isso que temos igrejas, porque numa igreja devemos nos sentir mais próximos de Deus do que em um supermercado, ou no escritório ou no banheiro. Esse é um exemplo de como usar a emoção na arquitetura. Acho que toda arquitetura produz uma emoção, mas as igrejas são o melhor exemplo disso. Imagine alguém pedir a um arquiteto para construir um prédio que

faça com que as pessoas sejam católicos melhores. Isso é uma loucura, mas é uma ambição interessante. Se você quer construir uma escola, deveria dizer ao arquiteto para projetar um prédio que faça com que as crianças se lembrem que aprender é uma coisa boa. É um desafio e tanto! Mas não maior do que pedir a alguém que construa um prédio que faça pensar em Deus. O problema da arquitetura moderna é que, numa escola de arquitetura, eles não vão fazer você pensar assim. Não há esse lado emocional da arquitetura, eles não falam essa língua. Precisamos ser capazes de falar sobre emoções nos prédios. Falar somente sobre a ciência, o material, a tecnologia, vai nos levar a uma arquitetura estéril, desumana. Infelizmente, é o que está acontecendo no nosso século.

ZECA – Você acha que é possível pedir a um arquiteto que construa um lugar onde as pessoas se sintam felizes? Também é um desafio...

De Botton – É tão desafiador quanto construir uma igreja. Agora, a pergunta é: o que faz as pessoas felizes? É sempre bom o arquiteto perguntar o que a pessoa que mora naquele lugar quer, o que está faltando na vida dela. Se você observar a minha casa, verá que o que está faltando para mim é calma, porque essa é uma casa calma, pelas cores neutras. O que espero da minha casa é algo que não posso fazer, que é ser uma pessoa calma e ordenada. Tudo aqui está em perfeita ordem porque acho que ordem é muito bom, mas é algo de que não tenho o suficiente.

ZECA – Se você faz uma casa, quer que as pessoas te visitem, e assim, talvez de maneira inconsciente e indireta, você pode revelar um pouco da sua personalidade. Mesmo que sua casa não seja bonita, foi o melhor que você pôde fazer, ela é parte de você.

> A vida perfeita é aquela em que o casamento, a casa, as roupas, o trabalho, refletem quem somos. A vida errada é aquela em que alguém **escolhe tudo o que temos.**

De Botton – Mais ou menos. Vamos comparar com roupas. Elas também mostram quem as pessoas são, como elas se sentem. Porém, com a arquitetura é diferente, porque é tudo muito caro, e as pessoas nem sempre moram num lugar onde tudo foi escolhido por elas. Alguém me dá uma cadeira da qual não gosto muito, mas, já que ganhei... Num mundo perfeito, todos poderiam usar a arquitetura para expressar sua personalidade. É como no casamento. Queremos estar casados com alguém que reflita aquilo de que gostamos, mas às vezes nos casamos com a pessoa errada, assim como a cadeira de que não gostamos. As vezes é trágico, mas nem sempre. A vida perfeita é aquela em que o casamento, a casa, as roupas, o trabalho, refletem quem somos. A vida errada é aquela em que alguém, que não nós, escolhe tudo o que temos. Acho que num mundo perfeito seremos capazes de ter dinheiro, flexibilidade e liberdade de usar a arquitetura para isso. Acho que uma boa cidade é como uma boa vida. Você precisa de regularidade e, às vezes, de grandes momentos, de festas, eventos, algo exuberante. Existe um equilíbrio. E nas melhores cidades você encontra isso: ruas regulares, depois algo mais dramático, e mais ruas regulares. Há muito em comum entre uma boa vida e uma boa cidade.

ZECA – Falando em cidades, no Brasil, como em vários lugares do mundo, existem as favelas – geralmente vistas como uma referência ruim, ligada à violência. Alguns arquitetos tentam analisar o que acontece e estão encontrando algumas boas soluções, que brotaram espontaneamente. Como isso é possível?

De Botton – Acho que os arquitetos são, de maneira geral, impacientes quando lidam com problemas como favelas. Eles dizem que está tudo errado, e que a solução é pôr tudo abaixo e colocar as pessoas em prédios novos. Somente agora eles estão começando a ver que nem tudo é errado, e que existem coisas que podem dar certo. É como felicidade e infelicidade. Alguém se sente infeliz, joga tudo para o alto e depois descobre que não era bem assim. Descobre que o que estava errado não era o casamento, o emprego, mas, talvez, ele próprio.

ZECA – Quais seriam os elementos básicos para se fazer uma boa arquitetura?

De Botton – Acho que o importante num prédio ou numa rua é uma certa ordem – não o caos completo, mas também não uma ordem monótona. Ordem em demasia gera monotonia. O ideal é algo entre a ordem e o caos. Outra coisa importante é o equilíbrio entre as forças: o masculino e o feminino, o antigo e o novo, o caro e o mais comum. Outra coisa que precisa ser levada em conta é o contexto – é importante lembrar onde o prédio será construído, se no Brasil, se em Las Vegas. Outra coisa é a elegância, porque muitos prédios parecem pesados, e um pouco de leveza é importante, é um toque de elegância.

ZECA – Isso não tem nada a ver com dinheiro.

De Botton – Não, não tem. Acho que gostamos de prédios como catedrais, que têm o pé-direito bem alto, e teto sustentado por pilares muito finos, como se estivesse suspenso. Isso dá uma sensação boa, de elegância. Outra coisa necessária é lembrar quem somos como pessoas – um autoconhecimento para sermos felizes. Assim como a filosofia diz que, para sermos felizes, temos que saber quem somos, o mesmo vale para a arquitetura. Quando você projeta um prédio, precisa saber a quem ele vai servir. Se for projetar algo para uma criança, preciso saber do que ela gosta, preciso me encontrar com essa criança. Projetar algo para uma pessoa de idade é diferente de projetar para um jovem. Por essa razão, é necessário conhecer a pessoa para quem a edificação vai servir. Um bom arquiteto é um bom psicólogo, um bom filósofo, um bom ser humano.

ZECA – Coisas muito pequenas podem ser importantes, mesmo que você não tenha consciência disso?
De Botton – Acho terrível as pessoas pensarem que uma boa arquitetura é um luxo. Ela é parte de uma boa vida, parte do que precisamos, como um bom relacionamento, um bom emprego, etc. Não precisa ser cara. Precisamos é de arquitetos que pensem nas construções, porque é muito deprimente um ambiente triste. Muitas das nossas cidades são tristes. Elas não mostram o melhor lado do ser humano. Se pudéssemos mudar isso, estaríamos mais perto de um mundo melhor, um passo mais perto da felicidade.

ZECA – Chegaremos lá?
De Botton – Acho que sim, lutando um pouco a cada dia. Temos belos exemplos de lugares lindos, e podemos nos inspirar neles, imaginando que um dia todo o mundo será bonito.

68 ARQUITETURA

ANA FANI ALESSANDRI CARLOS possui graduação em geografia (1975), mestrado (1979) e doutorado (1987) em geografia humana pela Universidade de São Paulo. Atualmente, é professora titular dessa universidade. Autora de vários livros, dentre os quais, *Espaço-tempo na metrópole*, foi também a organizadora de diversas obras coletivas. Suas pesquisas e reflexões se voltam, principalmente, para os seguintes temas: espaço, cidade, cotidiano, metrópole e geografia urbana.

ZECA CAMARGO – Vivemos hoje em cidades enormes – e um tanto confusas. Qual a relação do indivíduo com o espaço público e o privado?
Ana Fani – Vivemos na cidade, mas vivemos a partir da nossa casa. A casa é o centro do indivíduo. É a partir da casa, do espaço privado, que o indivíduo se relaciona com o espaço público – e com o outro.

ZECA – Como é possível ser feliz na cidade a partir do lugar onde moramos?
Ana – Na casa, você mantém relações com o outro: com o marido, por exemplo, que é uma relação de casamento, com os filhos, etc. Este é o seu mundo, no qual você mantém uma identidade. A casa, então, é o universo do mundo privado. Quando abre a porta da casa, você se depara com um mundo que não é mais o mundo privado. É quando a história individual começa a se realizar como história coletiva.

ZECA – E seria possível ser feliz num contexto como esse?
Ana – Hoje em dia, numa cidade, num mundo urbano tão caótico, barulhento, violento, esfacelado, é que a questão de querer ser feliz se coloca. Num determinado momento de sua entrevista, Alain de Botton coloca a questão da calma. Ele quer um ambiente de calma interna para contrabalançar com o que ele chama de caos lá de fora. A questão que ele coloca nos ajuda a pensar se é possível construir um mundo de calma numa cidade que ele chama de caótica.

ZECA – Quais são os aspectos que nos desorientam numa cidade moderna?

Ana – Veja, por exemplo, o modelo de cidade que privilegia o automóvel, e não a vida. Ou o fenômeno dos *shoppings*. O que é um *shopping center*? Ele também é a negação do espaço de sociabilidade, porque é um espaço controlado, um espaço vigiado, um espaço contido.

ZECA – Você tocou num assunto importante, que é a sociabilidade. A sensação que temos é que as cidades estão tirando essa oportunidade das pessoas.

Ana – Sim, porque, da maneira como as cidades se desenvolvem, acabam tirando o individuo da rua. E a rua é o espaço da sociabilidade, do encontro, do imprevisto. É o espaço onde posso conversar com o outro sobre a novela – e a partir da novela, sobre minha vida, sobre o que eu penso.

> **Na cidade, você não mora onde quer.**
> Você mora numa relação entre aquilo que você pode pagar e o preço do metro quadrado.

ZECA – É por isso que as pessoas se voltam cada vez mais para dentro de casa – e investem nela como identidade?

Ana – A casa é construída aos poucos. Você coloca um objeto aqui, uma fotografia ali... São os referenciais da sua vida – e esses referenciais são espaciais.

ZECA – Isso me faz pensar num acidente ocorrido recentemente em São Paulo, numa obra do metrô. Casas inteiras foram destruídas, e as pessoas diziam que tentavam salvar alguns objetos, mas que não era a mesma coisa que...
Ana – Que levar a casa. Por quê? Porque a casa é muito mais do que um objeto num lugar. A casa é a casa, o lugar. Cada tijolo é um pedacinho da memória construída.

ZECA – Nesse sentido, São Paulo pode ser descrita como uma cidade cuja história está sendo constantemente construída.
Ana – Estamos sempre destruindo para construir. Estamos sempre construindo o novo. Às vezes, pela velocidade com que a cidade avança, construímos o novo sem que o velho tenha chegado – ou seja, sem que o novo tenha envelhecido. As periferias, por exemplo, são construídas como urgências. Estamos diante de um fato: na cidade, você não mora necessariamente onde quer. Você mora numa relação entre aquilo que você pode pagar e o preço do metro quadrado. As pessoas se espalham pela cidade em função de uma possibilidade que é determinada pela renda que elas recebem e pelo lugar que elas podem pagar. Suas escolhas estão muito ligadas à sua renda.

ZECA – É por isso que, vendo uma paisagem de periferia, temos a sensação de que as casas nunca estão prontas, finalizadas?
Ana – A periferia é produzida na medida do possível, à medida que se pode destinar uma parte do salário à construção da casa. Assim, o brasileiro vai construindo a casa aos poucos, na medida que o orçamento permite. Não é à toa que a periferia é um lugar em que as ruas principais exibem um número muito grande de casas em construção, porque as pessoas vão comprando aos pouquinhos e construindo aos pouquinhos.

ZECA – É curioso como o puxadinho e a laje tornaram-se um fenômeno brasileiro...
Ana – Sim, exatamente por que a casa nunca está pronta, estamos diante de uma paisagem que está sempre em movimento, que está sendo construída constantemente.

ZECA – Na periferia, a laje, essa construção sempre empilhada, parece traduzir também a necessidade de viver melhor, num espaço mais amplo, num espaço mais confortável, não é?
Ana – Sim, a pessoa faz essa laje com a perspectiva de acomodar melhor a família. E podemos ver que também dentro da favela existe uma hierarquização de renda – que, aliás, existe em todos

> Numa pesquisa que fiz na zona oeste de São Paulo, na área de condomínios fechados, as pessoas dizem que a primeira coisa que constroem é o muro. Tudo bem: elas se sentem seguras com o muro. Esse é o objetivo delas.
> **Mas o muro nos aparta do resto da cidade – e das outras pessoas também.**

os lugares da cidade. A laje é um indicador social de uma estratificação dentro da favela.

ZECA – Assim, quem tem uma laje tem um espaço mais privilegiado?
Ana – A laje pode estar avançando para abrigar melhor a família. E não apenas isso. Ora, se o espaço público é cada vez mais o espaço da repressão, o espaço do medo, então a tendência é construir esse espaço privado como abrigo contra as intempéries da cidade – quando não vem a água e destrói tudo... Mas a questão da segurança é a que mais chama a atenção. Numa pesquisa que fiz na zona oeste de São Paulo, na área de condomínios fechados, as pessoas dizem que a primeira coisa que constroem é o muro. Tudo bem: elas se sentem seguras com o muro, não é? Esse é o objetivo delas. Mas o muro nos aparta do resto da cidade – e das outras pessoas também.

ZECA – Além do confinamento, do isolamento em relação ao exterior, parece também que as casas modernas convidam ao isolamento interno...
Ana – Dentro da casa há, sim, um confinamento, porque isso reflete uma mudança na vida da família. Antigamente, todas as pessoas assistiam, por exemplo, ao *Fantástico* numa sala. Hoje, cada um está assistindo ao *Fantástico* no seu quarto... Vivemos num mundo que separa, criando a pretensa idéia de que estamos todos juntos. Na verdade, estamos todos separados – e o espaço da casa revela essa separação.

ZECA – O fato de muitas famílias hoje mal se sentarem juntas para uma refeição também é sinal desse distanciamento.

Ana – Claro, a cozinha é um lugar importante de sociabilidade. No sul do Brasil, as pessoas tomam chimarrão e se reúnem em torno do fogão. Minha família italiana, obviamente, se encontrava na cozinha. Ninguém usava a sala, ia todo mundo para a cozinha...

ZECA – Mas a cozinha ainda parece ser um ponto de honra na construção de qualquer casa, mesmo na periferia. Numa de nossas reportagens, encontramos uma mulher que mora na Favela do Moinho, em São Paulo, e que fazia questão de ter sua cozinha bem arrumada, como se sempre estivesse esperando uma visita...

Ana – Veja, a periferia não é só sobrevivência – o lugar onde você só sobrevive. Ela hoje é o lugar da vida. Os atos da vida cotidiana são atos criativos do indivíduo. Então, se eu só disponho desse salário, desse material, vou produzir a casa do jeito que eu quero. Cada casa é individual. Então, minha criatividade vai aparecer nos pequenos detalhes, no jeito de colocar uma toalha, ou mesmo em pintar uma parede de uma determinada cor. Mesmo a pessoa que mora num lugar muito simples é criativa.

ZECA – Alguns profissionais estão tentando repensar as favelas como lugares que podem ter solução. Mas parece que as adaptações feitas pelos próprios moradores acabam surpreendendo.

Ana – Não sei se são os arquitetos ou geógrafos – como no meu caso – que vão dizer como essa casa na periferia tem de ser feita. É o contrário: são as pessoas que devem dizer como querem morar, quais são suas necessidades, de que espaços elas precisam.

ZECA – Mas sempre haverá alguém tentando "consertar" as coisas.

Criou-se um ideal de beleza em que o belo é o rico, o belo é o projetado arquitetonicamente dentro de uma estética imposta por um movimento moderno. Então, é feio tudo aquilo que é pobre, tudo aquilo que fugiu desse processo. Mas acho que podemos inverter isso. Poderíamos simplesmente dizer que a periferia é bonita.

Ana – O que está errado. Criou-se um ideal de beleza em que o belo é o rico, o belo é o projetado arquitetonicamente dentro de uma estética imposta por um movimento moderno. Então, é feio tudo aquilo que é pobre, tudo aquilo que fugiu desse processo. Mas acho que podemos inverter isso. Poderíamos simplesmente dizer que a periferia é bonita. É preciso ir contra a vontade natural de reproduzir aquilo que aparece socialmente como a noção de belo. As pessoas entram num processo de repetição que faz com que uma queira ser igual à outra. Eu acredito na persistência do ser humano, que, mesmo numa cidade na qual não se sente identificado, vai querer transformar os espaços para poder construir sua vida – uma vida criativa!

ZECA – Aquela moradora da Favela do Moinho colocou na frente do seu barraco um número – totalmente aleatório. Ela mesma diz que escolheu 123 porque era formado por algarismos crescentes – e ela queria crescer na vida. Por que uma pessoa que mora num ambiente caótico como a favela procura uma referência como essa?

Ana – É porque ela reproduz na sua casa aquilo que é a cidade. Uma das coisas que as pessoas que moram em favelas mais querem é que a rua tenha nome, que a casa tenha um número, porque a cidade toda está normatizada. Não ter um número significa que os referenciais se perderam e a cidade cresceu demais. Então, para eu me sentir igual ao outro, preciso viver como o outro.

ZECA – Você poderia me dar uma boa definição do que é uma cidade hoje?

Ana – É muito difícil definir uma cidade. Acho que a cidade é a civilização em ação. Esta nossa cidade, São Paulo, revela uma profunda desigualdade. E essa desigualdade revela uma história urbana que é a dos países subdesenvolvidos como o nosso. No fundo, falar sobre a cidade é falar sobre a vida, sobre as pessoas.

JUDITH HARRIS ESTÁ ACOSTUMADA A POLÊMICAS. ANTES DE LANÇAR *NÃO HÁ DOIS IGUAIS*, ELA JÁ TINHA ENFRENTADO A FÚRIA DE EDUCADORES E PAIS COM seu livro *Diga-me com quem anda...*, no qual defendia, em especial, que os pais têm muito pouca influência na formação dos filhos. Dessa vez ela foi mais fundo na sua investigação sobre o que nos faz diferentes, partindo da observação de gêmeos idênticos. No debate virtual desse episódio, convidamos a psicanalista gaúcha Norma Escosteguy, que contribuiu com sua visão, atribuindo um pouco mais de im-

educação dos filhos
O que é a personalidade?

portância aos pais e, em especial, aos educadores nesse processo. E foi também no Rio Grande do Sul que fomos buscar dois gêmeos idênticos, que, em vários detalhes, não poderiam ser mais diferentes: Cuco e Dodo, um estudante de arquitetura e, o outro, de odontologia, não se consideram muito parecidos nem no físico e sempre revelaram preferências e talentos diferentes. Até na música, já que um prefere a percussão e outro as cordas. Ainda nesse episódio, apresentamos as dúvidas relativas à educação de um casal, Andréia e Marcelo, pais de trigêmeos ainda bebês.

JUDITH RICH HARRIS nasceu em 1938 e em 1959 se formou na Brandeis University. Em 1961, obteve o mestrado em psicologia pela Harvard University. É membro da Association for Psychological Science, que em 1998 lhe concedeu o Prêmio George A. Miller. Entre seus inúmeros trabalhos, teve dois livros publicados no Brasil: *Diga-me com quem anda...* e *Não há dois iguais*. Em 2007, recebeu o Prêmio David Horrobin de teoria médica. Está casada desde 1961 com Charles S. Harris, tem duas filhas e quatro netos.

ZECA CAMARGO – Qual a principal questão de seu novo livro?
Judith Harris – A principal questão é a formação da personalidade. A socialização faz com que as pessoas se tornem mais parecidas numa sociedade. As pessoas seguem regras de uma sociedade e, portanto, se comportam de modo parecido. Mas algo faz com que elas se comportem de maneira diferente – e é isso que chamamos de personalidade. Cada pessoa têm uma personalidade diferente, interpreta as regras da sociedade de maneira um pouco diferente e se comporta de modo diferente. Eu não havia explicado isso no livro anterior (que discutia o que era mais importante: a educação ou a natureza das crianças), e foi por esse motivo que escrevi este outro. Nele, começo falando sobre o que havia de errado com as teorias antigas e explico por que nenhuma delas deu certo. A maioria das pessoas acha que essa questão já foi resolvida – mas não foi. Nenhuma teoria, antes desta que desenvolvi agora, podia explicar o fato de gêmeos idênticos, criados na mesma casa, pelos mesmos pais, tendo os mesmos genes e o mesmo ambiente familiar, terem personalidades diferentes.

ZECA – Quais os problemas das teorias antigas?
Judith – A maioria das pessoas acha que o motivo de possuírem uma determinada personalidade – o que em inglês chamamos de *"nature"* (natureza) – está nos genes. Hoje em dia, claro, não há como negar que fatores genéticos afetam mesmo a personalidade. Mas o que me interessa é a outra parte: como o ambiente afeta a personalidade – o que, em inglês, é chamado de *"nurture"* (criação). Muitas pessoas acreditam que o que é mais definitivo para a formação da personalidade é uma mistura entre o ambiente familiar, a maneira como os pais tratam a criança, as experiências que ela tem com os irmãos – e mostrei que isso não é verdade. Se

você colocar todos esses dados juntos, verá que não dá certo. Por exemplo, as crianças não agem da mesma maneira com os pais e com os amigos. Podem brigar o dia inteiro com os irmãos e, ao sair de casa, agir calmamente com os amigos.

ZECA – Como foi que você começou a desenvolver a sua teoria?
Judith – Eu já tinha todos os componentes no primeiro livro, mas levei um tempo muito grande para juntar tudo. O que me ajudou muito foi ler sobre psicologia evolucionária. Os psicólogos evolucionários acreditam que o cérebro não aprende todas as coisas da mesma maneira. É como se ele fosse uma caixa de ferramentas especializadas. Para cada tipo de aprendizagem, ele usa uma ferramenta de uma parte específica do cérebro, coletando informações diferentes, processando-as de modo diferente e fazendo um uso diferente de cada informação. O que eu quis fazer foi explicar, da melhor maneira possível, tudo o que acontece durante esse desenvolvimento. E, a partir daí, descrevi que a mente social da criança em desenvolvimento trabalha com três sistemas diferentes.

ZECA – Já vamos chegar a eles. Mas você falou sobre psicologia evolucionária. O que fez você se interessar por isso?
Judith – Steven Pinker escreveu um livro muito interessante, que se chama *Como a mente funciona*. Ele é que mostrou a mente como uma caixa de ferramentas especializadas. Por exemplo, o sistema visual trabalha de maneira um tanto independente dos demais e é formado por componentes diferentes (um para a visão tridimensional, outro para formas, etc.). E isso se aplica às partes do cérebro que permitem às pessoas terem uma vida social. Há departamentos diferentes no cérebro social, e eles trabalham de

modo diferente, coletam informações diferentes e as processam de maneiras diferentes, usando-as diferentemente.

ZECA – Mas esses sistemas são interconectados?
Judith – São interconectados, mas independentes. Podem falar coisas diferentes, dar instruções contraditórias. Vamos entrar nos sistemas que desenvolvi. Dois deles são o sistema de socialização e o sistema de *status*. O sistema de socialização nos diz que devemos seguir as regras da sociedade e nos comportar bem. O sistema de *status* nos diz que devemos competir com as outras pessoas do grupo e tentar sermos melhores que elas de alguma forma. Então, estamos sempre no meio dessas duas forças opostas que atuam na nossa mente.

ZECA – E qual o terceiro sistema no seu modelo?
Judith – É o sistema de relacionamento, que usa uma grande parte dos pensamentos da nossa consciência e contribui para as nossas memórias. É um sistema muito exigente. Ele nos permite lidar adequadamente com cada pessoa na nossa vida. Somos apegados aos nossos pais, respeitamos nossos professores, aprendemos com eles, brigamos com nossos irmãos, brincamos com nossos amigos. Cada pessoa exige algo diferente de nós, e o sistema de relacionamento descobre de que maneira vamos nos relacionar com cada uma delas: se podemos confiar nelas, se gostamos delas, se elas vão nos ajudar ou nos magoar.

ZECA – Esse sistema se manifesta desde cedo nos bebês?
Judith – Ele já está trabalhando a todo vapor quando um bebê nasce. Assim que vêm ao mundo, os bebês olham em volta e procuram por pessoas: essa é a mamãe, esse é o papai, esse é o

meu irmão mais velho, etc. Eles querem aprender o máximo sobre cada pessoa, e começam desde cedo a arquivar essas informações. Por exemplo, aos 6 meses um bebê já sabe quem é da família e quem não é, já sabe reconhecer a mãe e as pessoas que são importantes para ele. Esse sistema vai trabalhar por toda a vida. É ele que nos faz ler um bom livro, querer conhecer pessoas. É uma força motivadora, mas não tem nenhum papel na formação da nossa personalidade.

ZECA – Mesmo assim, ele interage com os outros sistemas?
Judith – Sim, interage de várias maneiras. Por exemplo, o sistema de socialização coloca as pessoas em categorias (homens e mulheres, adultos e crianças, brancos e negros, etc.), e o sistema de relacionamento nos faz ver as pessoas como indivíduos únicos. Dessa forma, você pode ter um amigo que pertence a um grupo de que você não gosta (e você o encaixa nesse grupo usando o sistema de socialização), e continuar gostando desse amigo porque seu sistema de relacionamento diz que ele é legal.

ZECA – Depois que sabemos quem somos e quem são as pessoas ao nosso redor, passamos a usar o sistema de socialização. Correto?
Judith – Sim. Depois que a criança aprende a se relacionar com os membros da família, começa a perceber que há outras crianças fora da casa dela, e a se interessar por brincar com elas. As regras de comportamento fora de casa são diferentes das que vigoram dentro de casa. Se a criança chora dentro de casa, a mãe vem e lhe faz carinho, mas, se ela chora fora de casa, especialmente se for um menino, as outras crianças vão rir e zombar

> Se a criança chora dentro de casa, a mãe vem e lhe faz carinho, mas, se ela chora fora de casa, especialmente se for um menino, as outras crianças vão rir e zombar dela.
> **São regras diferentes.**

dela. São regras diferentes, que ela precisa aprender olhando como as outras crianças se comportam. É fora de casa, por exemplo, que elas passam a perceber que meninos e meninas se comportam de maneira diferente. E é convivendo com outras pessoas que elas desenvolvem comportamentos diferentes com adultos e com crianças.

ZECA – E a criança percebe que não faz parte do grupo dos adultos?
Judith – As crianças sabem que são diferentes dos adultos e se comportam de modo diferente. A criança sabe que é criança e quer se comportar como tal perante a sociedade sem que as pessoas riam dela. Portanto, ela se adapta copiando o comportamento dos que são da sua espécie. E é o sistema de socialização que lhe permite fazer isso. A criança não copia o comportamento de uma criança em especial, mas do grupo todo. O sistema de socialização calcula um comportamento médio do grupo. Ele encara o grupo como um conjunto de pessoas anônimas. Assim, se você é um garotinho, você passa a se comportar como os garotinhos da sua idade. Não como um garotinho em particular, mas como todo o grupo.

Toda criança e todo adulto sempre quer ser o melhor em alguma coisa, e isso vem do sistema de *status*. É ele que faz com que a criança, comparando-se com as demais da mesma idade, descubra seu eu. E também a faz perceber o que as outras pessoas pensam dela – por exemplo, se ela é inteligente ou não.

ZECA – E isso é algo que aprendemos quando somos pequenos e usamos durante toda a nossa vida?
Judith – Desde que você se mantenha na mesma sociedade. Uma pessoa que se muda para uma cultura diferente acaba tendo uma grande dificuldade para se adaptar à nova cultura, porque o sistema de socialização deixa de ser funcional quando a criança chega à adolescência. Pode haver, claro, uma adaptação à nova cultura, mas será mais difícil, porque essa pessoa estará seguindo as regras da sua própria cultura, da cultura na qual ela cresceu.

ZECA – Mas a construção do sistema da socialização não nos dá resposta à grande pergunta: o que nos faz diferentes? É aí que você parte para um outro sistema?
Judith – O sistema de *status*. É ele que dá à criança coragem para descobrir no que ela é boa, para poder competir com o resto do seu grupo. Toda criança e todo adulto sempre quer ser o melhor em alguma coisa, e isso vem do sistema de *status*. É ele que faz com que a criança, comparando-se com as demais da mesma idade, descubra seu eu. E também a faz perceber o que as outras pessoas pensam dela – por exemplo, se ela é inteligente ou não.

ZECA – As crianças começam a perceber essas coisas muito cedo?
Judith – Você encontra crianças de 3 anos que dizem que são muito inteligentes. Nessa idade, ela já tem a motivação, mas não tem o conhecimento, porque isso é algo que ela leva muito tempo para adquirir. Leva tempo para saber no que é boa e no que não é, o que os outros pensam dela, em que campo poderá ter sucesso ou não. As crianças não conseguem descobrir isso sozinhas. Precisam da ajuda de outras pessoas. Ser forte ou não, ser bonito ou não – é tudo muito relativo. Uma garotinha só saberá se é

bonita através dos olhos de outras pessoas. Por isso, o trabalho do sistema do *status* durante o desenvolvimento da criança é coletar informações: As pessoas acham que sou bonita? Acham que sou forte? Acham que sou inteligente? – e assim por diante. Vamos supor que, num grupo de pessoas, todas querem ser as melhores em alguma coisa. Isso vai fazer com que elas se separem. Cada um vai encontrar sua própria especialidade – mesmo que no grupo haja gêmeos idênticos, porque duas pessoas não podem ser a mais bonita ou a mais forte. Somente uma delas será. Eu falo, no livro, sobre gêmeas idênticas que nasceram grudadas. Uma acabou sendo a que falava mais. Ela se tornou porta-voz das duas. Não sei bem o que a outra fazia, mas ela permitiu que a irmã falasse por ela. Isso é muito comum no caso de gêmeos, mas pode acontecer com qualquer pessoa de um grupo. O fato de serem gêmeos não é relevante quando se fala de *status*, porque, se alguém do seu grupo tem um potencial maior que o seu, você acaba procurando outra coisa para fazer bem.

ZECA – Isso me parece um conceito... evolucionista?
Judith – Sim, devido à competição por *status*. No modo darwiniano, as pessoas que queriam *status* – e conseguiram – também tiveram acesso a mais comida, mais bebida e a um maior número de parceiros, ou parceiros mais fortes e mais bonitos. Dessa maneira, o sistema evoluiu para nos fornecer os elementos necessários para obtermos sucesso num sentido darwiniano.

ZECA – Seu primeiro livro ocasionou muita controvérsia graças à afirmação de que a educação dos pais contava pouco na formação dos filhos. Como suas novas idéias foram recebidas?
Judith – Esse livro é bem menos controverso. Não tive quase

nenhuma reação negativa, provavelmente porque a psicologia mudou muito desde que escrevi o primeiro livro – e posso me gabar de que, em parte, fui responsável por essa mudança. Levantei perguntas que nunca haviam sido feitas, pelo menos publicamente, e agora as pessoas já se acostumaram a isso. No primeiro livro, fui um tanto destrutiva. Agora estou construindo, e as pessoas estão começando a perceber que isso pode funcionar, e que minhas idéias não são tão malucas quanto elas pensavam.

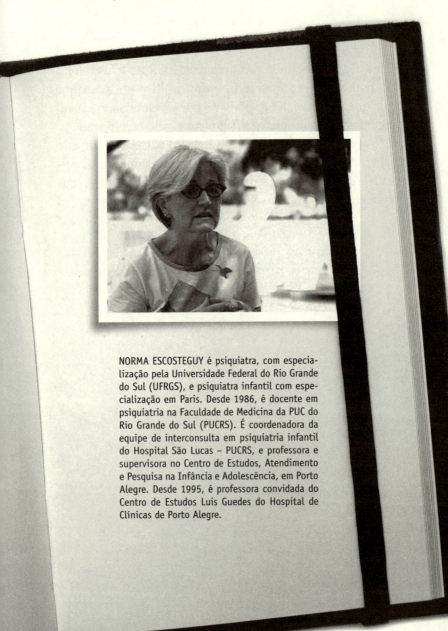

NORMA ESCOSTEGUY é psiquiatra, com especialização pela Universidade Federal do Rio Grande do Sul (UFRGS), e psiquiatra infantil com especialização em Paris. Desde 1986, é docente em psiquiatria na Faculdade de Medicina da PUC do Rio Grande do Sul (PUCRS). É coordenadora da equipe de interconsulta em psiquiatria infantil do Hospital São Lucas – PUCRS, e professora e supervisora no Centro de Estudos, Atendimento e Pesquisa na Infância e Adolescência, em Porto Alegre. Desde 1995, é professora convidada do Centro de Estudos Luis Guedes do Hospital de Clínicas de Porto Alegre.

ZECA CAMARGO – A discussão entre o que a criança traz do nascimento e o que ela aprende com o meio ambiente ainda não está fechada?
Norma Escosteguy – Tenho a impressão de que nenhum pesquisador hoje tem dúvidas sobre a interferência desses dois fatores. A questão importante é descobrir qual dos dois é predominante.

ZECA – Judith Harris parece ter criado uma certa polêmica quando levantou essa questão há alguns anos...
Norma – Em seu primeiro livro, ela quis fazer uma provocação. Como sempre se dá uma importância muito grande à influência da família, ela veio dizer que não é bem assim, que essa influência tem um papel menor do que se pensava. Foi, sim, uma grande polêmica. Naquele momento ela foi provocativa, mas em seu novo livro ela suaviza um pouco suas posturas e assume que o que queria de fato era minimizar o excesso de responsabilidade dos pais.

ZECA – Reforçando que o papel deles não é tão grande assim?
Norma – Acho que ela quer chamar a atenção para o fato de que o processo socialização pode ser uma grande chance para uma criança que tenha um potencial genético a ser desenvolvido e não tenha tido um bom início de vida. Ela acredita que é possível retomar esse potencial – uma idéia que seria um elemento extremamente valioso de pesquisa. Isso é muito bonito na postura de Harris: ela quer que suas idéias sejam postas à prova através de pesquisas.

ZECA – Mas como você interpretou suas novas idéias?
Norma – Ela organizou o aprendizado da criança em três sistemas. O primeiro é o sistema de relacionamento, o sistema fami-

liar propriamente, que se inicia desde o nascimento e vai se desenvolvendo no relacionamento com as pessoas da família. O segundo é o sistema de socialização, que ajuda a entender por que uma criança pode ter comportamentos tão diferentes dentro e fora de casa. E o terceiro é um sistema bastante interessante, que ela chama de sistema de *status*. É nele que ela foca a capacidade agressiva, que leva a pessoa à competição, a ser melhor e, ao mesmo tempo, à dependência que a criança cria da visão que os outros têm dela. Esses três sistemas estão absolutamente interligados.

ZECA – Um sistema tão competitivo como esse de *status* não parece elaborado demais para se manifestar numa criança tão pequena?
Norma – Quando a criança começa a falar realmente, quando consegue dizer "eu", quando consegue ter uma noção de si, esses processos de identificação se iniciam. A criança já registra se os outros gostam dela, se é parecida com a mãe, se o pai está dando mais atenção ao irmão do que a ela. Evidentemente, esse sistema é um processo. Desde que nasce, a criança se sente ameaçada e aprende a lidar com esse novo fato conforme suas reações ao ambiente. Isso vai depender das suas características e do seu potencial. Pode ser que ela fique muito agressiva, ou muito emburrada, ou talvez adote uma postura de luta. O contrário também é possível: ela vai tentar ser a mais encantadora possível, vai desenvolver técnicas de conquista para trazer o pai ou a mãe para perto de si. É interessante observar isso.

ZECA – Temos então que ir montando nossa percepção desde cedo mesmo?

Norma – O ser humano nasce absolutamente imaturo. Se não for cuidado, ele não sobrevive. Então, esse início é fundamental, pelo menos para sua sobrevivência e para garantir que seu potencial não fique prejudicado de início. Com o crescimento, ocorre a socialização com outras crianças. Em que medida isso tem uma ligação direta com os pais, com outros adultos, em que medida eles são necessários, é uma questão que ela não enfoca, mas que acho interessante.

ZECA – Mas que outros adultos são esses?
Norma – Estou falando de professores, de outros adultos que podem contribuir também com experiências interessantes. E temos de lembrar que isso acontece cada vez mais precocemente. As crianças vão para a creche cada vez mais cedo: com pouco mais de 1 ano, às vezes antes. E isso também tem sido objeto de muitos estudos.

ZECA – Talvez Judith Harris não tenha considerado tanto essas outras influências para se concentrar no sistema que, para ela, é o definitivo: o sistema de *status*.
Norma – Sim, ela valoriza mais o *status* na socialização com os iguais, o *status* em casa, o *status* com os irmãos. Então, para ela, o sistema de *status* é ativo tanto intrafamiliar como extrafamiliarmente.

ZECA – É essa competição que o sistema de *status* impõe que determinaria nossas diferenças de personalidade, segundo Harris. Foi por isso que ela partiu para estudar o comportamento de gêmeos...
Norma – Os gêmeos são objeto de pesquisa no mundo inteiro.

Claro, são clones! Hoje podemos dizer que eles são clones naturais. O que Judith destaca, com toda a razão, é que gêmeos idênticos, apesar de serem clones, são diferentes: cada um tem a sua individualidade. E, ai, se não tivesse... Quando são semelhantes aos pais, o são, claro, por questões genéticas, e não pelas vivências que tiveram. Harris é categórica ao afirmar que os pais não têm a menor influência no desenvolvimento da personalidade diferente de cada irmão gêmeo, e chega a afirmar que, se eles tivessem outros pais, teriam a mesma formação – o que acho um tanto arriscado afirmar. Eu proporia, pelo menos, uma interrogação: será que...?

> Por exemplo, uma criança dócil, afetiva, que apanha na escola. É complicado os pais dizerem que ela deve revidar. **Isso não é tão simples para ela.**

ZECA – Mas não seria justamente essa a provocação que Judith Harris queria fazer?
Norma – Sim, ela resolveu colocar as coisas nesses termos, mas, no fundo, o que ela queria era minimizar a enorme importância dos pais na formação das crianças, tirar um pouco a culpa deles, desfazer aquelas situações em que as crianças acabam dominando completamente os pais. Quando ela diz isso, entendemos melhor a provocação.

ZECA – Os pais se sentem mesmo cada vez mais responsáveis?
Norma – Quanto mais esclarecidos, quanto mais cuidadosos e conscientes, mais os pais ampliam sua responsabilidade, ao preço de não darem espaço suficiente à individualidade da criança. É como se a responsabilidade dos pais pudesse interferir diretamente na formação da personalidade dos filhos.

ZECA – Como esses pais mais preocupados (ou conscientes) podem tirar lições das idéias propostas por Judith Harris?
Norma – Eles podem, por exemplo, reconhecer o valor da socialização dos filhos, a importância das experiências que podem oferecer à criança – reconhecer, enfim, o valor da formação individual, que pode ser absolutamente diferente do que eles desejariam, do que eles próprios são. No dizer da própria Judith Harris, suas idéias podem liberar um pouco os pais dessa culpa. Eles têm que fazer o seu papel, mas sempre dando espaço para verificar como tudo vai se refletir no desenvolvimento da criança.

ZECA – Esses sistemas de relacionamento têm mesmo a capacidade de mudar uma característica intrínseca de uma criança?
Norma – Acho difícil fazer com que uma criança mais introspectiva, que não gosta de muitas atividades, se torne esportista, por exemplo. O que podemos fazer é identificar essas características e estimular nessa criança elementos positivos que possam ser desenvolvidos. Este, sim, seria o desafio, na vida e na clínica. Mas esse aspecto nem sempre é identificado ou tratado com a devida sensibilidade. Por exemplo, uma criança dócil, afetiva, que apanha na escola. É complicado os pais dizerem que ela deve revidar. Isso não é tão simples para ela. Pelo contrário, pode acontecer que isso crie um segundo problema para a criança, pois, na cabe-

ça dela, além de apanhar na escola, ainda está sendo criticada dentro de casa por isso. E aí pode ter início um processo complicado – tudo por insensibilidade dos pais.

ZECA – Isso pode ter conseqüências até na adolescência?
Norma – Sim. Mas Harris considera, corretamente, que o desenvolvimento da criança termina na adolescência. Assim, o desenvolvimento inicial é que é mais importante. Da adolescência em diante, coisas extremamente importantes vão acontecer, mas então a autonomia do adolescente é muito maior – e a base já foi lançada.

ZECA – Então, qual é o melhor momento de os pais interferirem – se é que essa interferência pode ajudar...
Norma – Dependendo do enfoque que tivermos, podemos intervir desde que a criança é pequenininha.

ZECA – Mesmo antes de ela ser capaz de verbalizar alguma coisa?
Norma – Se uma criança de pouco mais de 1 ano não está se alimentando, ou está triste, não é com verbalização que vamos mudar isso. Mas sempre podemos intervir. Se tivermos uma visão de desenvolvimento, como acho que Judith Harris tem, que nos permita acompanhar a evolução de uma criança através de diferentes vértices, sem dúvida sempre é possível intervir.

ZECA – Mas sempre procurando um equilíbrio entre essa intervenção e o que já existe dentro da criança?
Norma – Uma maneira de descrever o desenvolvimento da personalidade seria, por exemplo, como uma constante dialética entre o que é interno (processado internamente), que fica como

uma noção de nós, como nossos valores, e o que é externo, aquilo que se aprende, que se experimenta, de que se gosta, etc. Essa dinâmica é permanente.

ZECA – Se os pais pudessem relaxar a esse respeito... Mas sempre existe a preocupação de acertar... Como?

Norma – Acho que se pais forem o que são, pessoas verdadeiras, pessoas atenciosas, que olham, percebem, respeitam, deixam espaço, já estarão cumprindo muito bem sua tarefa de cuidador!

Partindo do argumento de que estamos diante de um novo patamar de preconceito social, o professor de direito em Yale, Kenji Yoshino, sugere uma nova abordagem dos direitos civis. Somos, sem dúvida, uma sociedade mais tolerante, mas será que não estamos diante de um novo tipo de discriminação? Você pode ser negro, mas não pode expor tanto suas raízes africanas... Pode ser *gay*, mas não "demais"... Qual é essa nova fronteira, para que as chamadas minorias deixem de "disfarçar" sua identidade, uma situação que ele chama de "*covering*". No Brasil, chamamos para a discussão o antropólogo Sérgio Carrara, que acompanha de perto a evolução do movimento homossexual no Brasil. E, para ilustrar esse episódio, contamos a história do

minorias e direitos civis
Limites da aceitação

baiano Heider, que foi obrigado a cortar o cabelo (de *dreadlocks*) para conseguir um emprego de segurança de um *shopping* em Salvador. Depois de ser aprovado em todos os testes, ficou sabendo na entrevista que os clientes não gostavam do "visual africano". E a pessoa que lhe disse isso era negra. Nesse episódio, contamos também a história de outro baiano, o publicitário Paulo, que assume abertamente sua relação com outro homem no ambiente de trabalho. Ele não aceita o "disfarce", porque acredita que, por trás de sua orientação sexual, há o seu talento, o seu caráter, e é isso que deve prevalecer. "Só no dia do orgulho *gay* a gente deve mostrar o que a gente é de verdade? O preconceito só vai diminuir quando a gente mostrar o que a gente é todos os dias!"

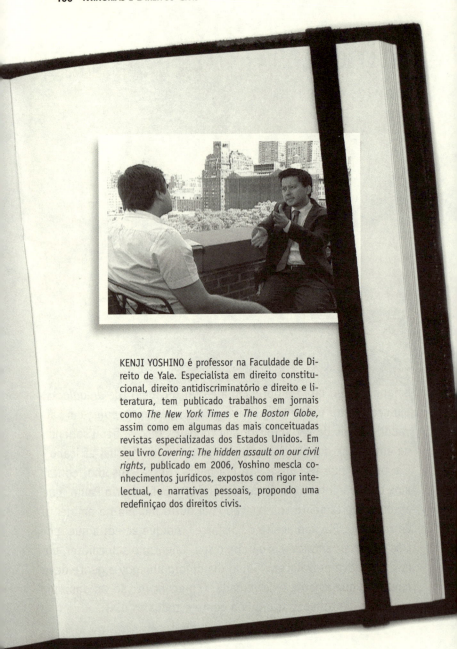

KENJI YOSHINO é professor na Faculdade de Direito de Yale. Especialista em direito constitucional, direito antidiscriminatório e direito e literatura, tem publicado trabalhos em jornais como The New York Times e The Boston Globe, assim como em algumas das mais conceituadas revistas especializadas dos Estados Unidos. Em seu livro Covering: The hidden assault on our civil rights, publicado em 2006, Yoshino mescla conhecimentos jurídicos, expostos com rigor intelectual, e narrativas pessoais, propondo uma redefiniçao dos direitos civis.

ZECA CAMARGO – Esse conceito de *"covering"*, que podemos traduzir por "disfarce", ou uma discriminação disfarçada, é algo novo... Mas o que é exatamente?
Kenji Yoshino – Bem, antes disso é preciso definir o que é *"passing"* – uma espécie de acobertamento. Por exemplo, a pessoa é homossexual e tenta agir como se fosse heterossexual. *Covering* é um estágio além, um termo que criei depois de ter contado aos meus pais e amigos que era *gay*. Achei que tudo estaria resolvido a partir do momento em que revelasse minha identidade sexual, mas notei que, mesmo depois de assumir que era *gay*, era forçado a não fazer certas coisas, como segurar a mão do meu namorado em público, participar de atividades abertamente *gays*, etc. Estava procurando uma palavra que pudesse traduzir o que estava acontecendo: as pessoas, mesmo dizendo que aceitavam o fato de eu ser *gay*, ainda faziam muita pressão com relação ao meu comportamento.

ZECA – Esse termo pode definir situações que não têm a ver apenas com a discriminação sexual?
Yoshino – Exatamente! Todas as minorias se encaixam nesse disfarce – todos os que estão do lado de fora do que é considerado maioria: nos Estados Unidos, os afro-americanos que não podem usar o cabelo de uma maneira tradicional porque é diferente da maneira adotada pelo restante da população; os latinos que não podem falar espanhol no trabalho ou são demitidos; as mulheres que têm de agir no trabalho como se fossem homens, fingindo que seus filhos são invisíveis.

ZECA – No livro você mostra que esse disfarce muitas vezes é exigido de maneira sutil, quase inconsciente.

Yoshino – Acho que uma das razões pelas quais é difícil perceber esse fato, pelo menos nos Estados Unidos, é que temos um ideal de simulação de ver a sociedade como se fosse uma coisa única. Eu tenho problemas com essas formas. Claro que aprecio que, como sociedade, concordemos que o racismo é ruim, que ser sexista é ruim, que ser contra os homossexuais é ruim. Mas o que me surpreendeu foi que, mesmo concordando com todas essas coisas, nas situações do cotidiano as pessoas podem dizer que aceitam o fato de eu ser *gay*, mas, no meu trabalho, esperam outra atitude: que eu escreva somente sobre *gays*, e não sobre problemas não relacionados a eles. Um colega me disse: "Você terá uma vida mais fácil na profissão de advogado se você for um profissional homossexual, e não um homossexual profissional". O que ele quis dizer ficou muito claro para mim, porque eu me saio melhor sendo um professor que por acaso é *gay* do que um professor *gay* que trabalha com problemas dos *gays*, que advoga para *gays* e que dá aulas sobre os direitos dos *gays*.

ZECA – Você não quis se encaixar nesse perfil?
Yoshino – Depois que assumi ser *gay*, achei que deveria ter uma vida autêntica. James Baldwin, um dos meus autores favoritos, disse: "Se você não vive sua própria vida, não é como se vivesse a de outra pessoa. Você não vive vida nenhuma".

ZECA – Não é fácil detectar uma situação de preconceito hoje?
Yoshino – Estamos no meio de uma geração, aqui nos Estados Unidos, pelo menos, que discrimina de uma maneira diferente. Antigamente, a discriminação era mais clara, aplicava-se ao um grupo definido: contra as mulheres, contra os negros, contra os *gays*, contra as minorias religiosas, contra os portadores de defici-

ência. Os direitos civis do século 20 fizeram com que muitas dessas discriminações fossem consideradas ilegais. Mas agora uma nova forma sutil de discriminação apareceu. Não é todo um grupo que é discriminado, e sim um subgrupo que se recusa a agir como os demais. É uma discriminação contra os negros, mas não todos, somente contra aqueles que usam o cabelo de modo diferente; não é contra todos os latinos, mas somente contra os que se recusam a parar de falar espanhol em público.

ZECA – Mas as pessoas que pedem para você disfarçar sua identidade fazem isso de maneira consciente?
Yoshino – Elas não estão cientes, e essa é uma das razões pelas quais eu quis achar um nome para esse fenômeno, porque às vezes você tem dar um nome a um problema que não consegue ver. Por exemplo, quando o termo "assédio sexual" surgiu, ninguém sabia o que era. Eu quero que esse meu termo passe a fazer parte do vocabulário americano e do vocabulário global, porque acho que é um fenômeno muito importante.

ZECA – Qual a diferença entre disfarçar uma orientação sexual e uma identidade étnica?
Yoshino – Há algo comum entre esses dois disfarces, porque, não importa em que grupo discriminado você esteja, sempre vão pedir para você fazer algo para disfarçar o que é. Se você é *gay*, por exemplo, não pode andar de mãos dadas com pessoas do mesmo sexo. Vamos pegar o exemplo da televisão: você já encontra vários personagens *gays* nas novelas – mas você já os viu se beijando? Isso é *covering*. Ninguém se incomoda com o fato de um personagem de uma novela ser *gay*, mas, se ele tiver que beijar outro homem, ninguém permite que isso aconteça. E, do ponto de vista de um *gay*, isso é muito con-

fuso, porque, se não há problema no fato de eu ser *gay*, por que não posso beijar em público, como um homem e uma mulher?

ZECA – Como seu livro foi recebido?
Yoshino – De maneira bem encorajadora. Mas fiquei muito preocupado que a reação ao livro pudesse prejudicar minha credibilidade acadêmica. Existe o pensamento de que o acadêmico tem que, de alguma forma, *cover*, disfarçar. Devido a normas profissionais, temos de nos adaptar e não podemos deixar que nossas

> Quem é "branco" hoje em dia? Tenho que contar uma curiosidade: ao fazer pesquisas sobre o *covering*, encontrei um provérbio brasileiro:
> "O dinheiro embranquece".

experiências pessoais afetem o que escrevemos. Mas acredito no que o filósofo Nietzsche disse: "Toda filosofia é uma autobiografia inconsciente e involuntária". Escrevemos sobre assuntos que nos dizem respeito ou dos quais gostamos.

ZECA – Sem falar que sua mensagem pode orientar muitas pessoas que, como você disse, se sentem confusas.
Yoshino – Acho que minha mensagem reforça a idéia de que somos todos diferentes de alguma forma: não é normal alguém

ser completamente normal, em nenhuma parte do mundo. Temos que aprender a nos dar bem uns com os outros, e um modo de fazer tal coisa não é parar de fingir que não somos diferentes, mas compreender que somos todos diferentes, em alguma extensão, e temos que respeitar cada diferença, de cada pessoa.

ZECA – Acho que existe hoje, mesmo no Brasil, uma certa confusão – de certa formas até saudável – sobre quem realmente as pessoas são. Há tanta mistura que os rótulos começam a ficar sem sentido. Como as pessoas comuns podem viver essa nova realidade? Será que ocorre a elas que sejam diferentes? Que todos são diferentes?

Yoshino – Nos Estados Unidos, o último senso apontou que temos 63 diferentes combinações de raças. Quem é "branco" hoje em dia? Tenho que contar uma curiosidade: ao fazer pesquisas sobre o *covering*, encontrei um provérbio brasileiro: "O dinheiro embranquece". Nos Estados Unidos, as classes sociais são consideradas um grande fator de *covering*. Os negros americanos usam terno para ir ao trabalho porque dizem que são respeitados quando estão vestidos dessa maneira, mas, quando vestem roupas de ginástica, por exemplo, são repelidos por seus vizinhos, os mesmos que os saudaram pela manhã ao sair de casa, porque aí eles se parecem com ladrões. Se estão vestidos com moletons, não são reconhecidos pelos vizinhos. *Covering*, disfarçar, pode fazer uma grande diferença entre ser um bom negro ou um negro mau. As classes sociais são uma estratégia grande de disfarce entre todas as minorias.

ZECA – No livro você vai um pouco mais além nos exemplos de disfarces e cita casos de mulheres que têm que encobrir sua feminilidade num ambiente de trabalho.

Yoshino – Sim, fiz questão de incluir esses casos porque a situação é ainda mais distinta: elas não só estão sujeitas a *cover*, mas também ao que eu chamo de *cover* reverso. Assim como as minorias, as mulheres são levadas a disfarçar. Pedem-lhes que passem a agir como homens, que não falem sobre os filhos, fingindo que eles são invisíveis. Se estiver grávida, ela tem que esconder a gravidez o máximo que puder; se tiver que sair do trabalho por causa de um filho, tem que mentir. O que é interessante, no tocante às mulheres, e que não acontece com os *gays* ou outras minorias, é que, se elas disfarçam demais, também são punidas pelos homens – sendo forçadas a ser mais femininas, a usar saias, maquiagem, etc. É o que eu chamo de disfarce reverso. Exigem que ela seja suficientemente masculina para ser respeitada como trabalhadora, e suficientemente feminina para ser respeitada como mulher. É completamente diferente do que acontece com os *gays* ou com as minorias étnicas. Se eu agir como se não fosse *gay*, se eu for a jogos de futebol, sair para beber cerveja com outros homens ou coisas assim, ninguém vai me pedir para agir mais como *gay*. Se eu agir como se fosse branco, e não asiático, se falar sem sotaque nenhum, ninguém vai me pedir para voltar a ser asiático. O que acontece é que as mulheres sempre foram vistas como mães de família, meigas, gentis, mas não no ambiente de trabalho. Elas têm seu valor como donas-de-casa, mas, quando vão para o ambiente de trabalho, têm que disfarçar para se encaixar num ambiente dominado por homens, e ao mesmo tempo têm que manter a feminilidade para que os homens as vejam com os mesmos olhos que vêem as que estão em casa e que têm valor para eles.

ZECA – O público em geral toma consciência disso?
Yoshino – Não. E, na hora de pensar em saídas, pesou o fato de

eu ser um professor de direito, de ver os direitos civis violados todos os dias, ver discriminação em todos os lugares. Como chegar a um novo patamar de direitos civis? Não é a época para esse país se voltar tanto para a lei, porque todos estão cansados de tantos processos, porque todos pensam que qualquer problema só pode ser resolvido através da lei. No fim do livro, eu digo que a solução para o problema de *covering* não virá através de uma lei civil. Minha educação sobre leis foi também uma educação sobre a limitação das leis.

ZECA – E o que você sugere?
Yoshino – Encarar as pessoas que nos são íntimas, aquelas que nos rodeiam diariamente, e mostrar a elas como é que elas nos fazem disfarçar. Quem me pediu para disfarçar minha orientação sexual foi minha família. E também meus amigos – e até mesmo as pessoas na rua, pelo fato de eu não poder andar de mãos dadas com alguém do mesmo sexo que eu. Até minha consciência me dizia como eu deveria me portar em público e me forçava a disfarçar. Acho que essa foi uma das coisas que me fez perceber que a solução não seria puramente legal, porque senão eu teria de processar a mim mesmo!

ZECA – Essa mudança poderia vir através da maneira como os pais educam os filhos?
Yoshino – Ou de como os filhos educam os pais. Volto a falar da minha experiência. Meus pais têm sidos ótimos, mas tem sido uma educação mútua a partir do momento, em 1991, em que assumi que era *gay* e me formei na faculdade. Eles sempre me pediam para disfarçar. Estavam muito ansiosos com a repercussão do livro. Por que eu deveria ser uma Joana d'Arc? Por que ser

um ativista? Existem milhões de *gays* vivendo a sua vida e eu é que tinha que acender a chama? Acho que eles faziam isso em parte por vergonha e em parte por temerem por minha segurança, com medo de que algum maluco me desse um tiro ou algo parecido. Eles me pediram para não ser tão explícito. Só que era sobre isso, exatamente, que eu estava escrevendo!

ZECA – Eles estavam mais preocupados com sua família no Japão, não?
Yoshino – Num certo ponto, tive que escolher entre ser *gay* e ser japonês. Foi inconscientemente, mas escolhi ser *gay*. Quando assumi que era *gay*, em 1991, foi a última vez que estive no Japão, e esses dois fatos estão profundamente relacionados. O Japão está muito longe de ter a mesma tolerância para com o homossexualismo que os Estados Unidos. Agora, com o livro, não vejo por que voltar ao Japão. Tenho que ser autêntico, e acho que todos temos.

ZECA – Quais são suas sugestões para uma nova discussão sobre os direitos civis?
Yoshino – Temos que discutir o que a lei irá e não irá proteger. Se eu processar uma empresa por ter sido despedido por causa da cor da minha pele, vou ganhar a causa. Se abrir um processo porque me despediram por falar japonês num lugar onde deveria falar inglês, não vou ganhar a causa, porque é algo que eu deveria poder controlar. Acho que a lei deveria prestar mais atenção ao fato de que algumas coisas que fazemos deveriam ser protegidas. Mas, para que isso aconteça, precisamos rever os direitos civis, que, ao meu ver, têm sido responsáveis pela formação de grupos neste país. Temos o grupo das minorias raciais, das mulheres, dos

gays, dos muçulmanos, dos portadores de deficiência etc. Estamos ficando cansados dessa compaixão toda. Até eu, sendo *gay*, que sou beneficiado pelas conquistas dos direitos civis, acho que tem que haver um fim para isso tudo. Não podemos ter direitos civis para 63 grupos diferentes e ainda querer que esses direitos tenham um senso comum. Minha solução seria trocar uma mentalidade grupal por uma mentalidade de direitos e focar nos direitos universais, que todos temos em comum. Martin Luther King Jr. e Malcom X brigaram durante todo o tempo, mas, no leito de morte, concordaram com uma coisa: precisamos passar dos direitos civis para direitos humanos. Precisamos olhar para as similaridades que temos como humanos, e não para as afiliações grupais, porque essas nos manterão divididos, ao passo que nossa humanidade vai sempre nos unir.

SÉRGIO CARRARA é antropólogo, professor do Instituto de Medicina Social da Universidade do Estado do Rio de Janeiro (IMS/UERJ) e coordenador do Centro Latino-Americano em Sexualidade e Direitos Humanos (CLAM). É um dos autores de *Sexualidade e saberes*, coletânea que resultou de um seminário que buscou refletir sobre a produção de convenções sobre a sexualidade na medicina, na psiquiatria, na psicanálise e nas ciências sociais, e como elas são difundidas pela mídia.

ZECA CAMARGO – Você já tinha ouvido falar desse conceito de *covering* descrito por Kenji Yoshino?
Sérgio Carrara – Não dessa maneira, mas é fácil reconhecer que ele procura dar visibilidade a uma dinâmica diferente daquela discriminação direta, simples e clara. É algo muito mais sutil que ele resume nesse conceito.

ZECA – Ele usa sua própria história para mostrar que essa discriminação existe...
Carrara – Sim, ele diz para os pais, para os amigos, que é *gay*, e não se sente diretamente discriminado por isso. Mas há um preço nessa aceitação, que é justamente o de ser discreto, não trazer sinais muito visíveis dessa diferença. Ele tem que se misturar à massa, tem que ficar indistinguível. Você é aceito, desde que se enquadre em certos padrões de respeitabilidade: modo de vestir, de ser, de estar...

ZECA – E vale a pena pagar esse preço para ser aceito?
Carrara – Temos que pensar no que está em jogo, no que se está negociando. No momento em que a homossexualidade, por exemplo, é respeitada desde que se enquadre em certos padrões sociais – de respeitabilidade, etc. –, isso imediatamente cria novos alvos, novos personagens vulneráveis, discrimináveis, que são justamente aqueles que não se adéquam a esses padrões.

ZECA – Mas esse "disfarce" não é imposto apenas a uma minoria sexual...
Carrara – Claro que não. No seu livro, ele cita os negros norte-americanos que trabalham numa companhia aérea cujos padrões internos não aceitam funcionários com cabelos no estilo *dreadlo-*

cks. É um padrão que para muitos pode ser confortável, para muitos outros talvez não. Então, acho interessante discutir como é que esse padrão se constitui e até que ponto é possível ter direitos civis ou uma sociedade não-discriminatória sem que esses padrões sejam reavaliados.

ZECA – Você acha que o Brasil está no mesmo patamar com relação aos direitos civis?
Carrara – Estamos num momento de conquista, de ampliação desses direitos no país. É um momento muito especial. O Brasil de 2007 é outro país. Se o compararmos com o país de cinco, dez anos atrás, veremos que houve mudanças enormes.

ZECA – Mas será que nós também, como sociedade, praticamos o *covering*, ou seja, exigimos esse disfarce social das minorias?
Carrara – Se pensarmos nas idéias do Kenji, podemos até dizer que vivemos no país do *covering*. Por exemplo, do ponto de vista da questão racial no Brasil, uma discussão clássica é a questão do processo de "branqueamento" a que os negros se submetem ou são submetidos para serem socialmente aceitos. À medida que ascendem socialmente e, em muitos casos como condição para essa ascensão, eles tendem a assumir um certo padrão de comportamento, de vestimenta, de linguagem etc. Deixam, assim, de ser tratados e considerados como negros.

ZECA – E na questão social, o brasileiro aceita mais a diferença?
Carrara – É um pouco mais complicado. Voltemos ao exemplo da homossexualidade. Num certo momento, por volta dos anos 80, tínhamos uma relação bastante tensa entre os travestis de um lado, e *gays* e lésbicas, de outro. O movimento homossexual bra-

> Estamos num momento de conquista, de ampliação desses direitos no país. É um momento muito especial.
> **O Brasil de 2007 é outro país.**

sileiro, embora incorporasse os travestis, sempre os via como um problema, um obstáculo à respeitabilidade que a estratégia dominante no movimento estava procurando construir. Mas isso felizmente está sendo superado, e o movimento vem incorporando os travestis. É um diálogo tenso, um diálogo difícil – mas que me leva a crer que o Brasil tem possibilidade de chegar a uma aceitação mais plena das minorias.

ZECA – Como acabar com essas barreiras?
Carrara – É difícil. Temos claro que precisamos avançar em algumas questões, mas não a qualquer preço. Precisamos conquistar direitos civis, mas não apenas para alguns – para todos. Temos que dialogar numa sociedade inclusiva, ou seja, afirmar a igualdade, mas discutindo os padrões a partir dos quais essa igualdade é concebida. Acho que o movimento é capaz de levar uma luta pela igualdade e, ao mesmo tempo, discutir em que termos essa igualdade está sendo colocada.

ZECA – É a batalha por ser aceito como igual a toda a sociedade?
Carrara – O que significa ser igual? Ser igual a quê? Acho que

essa é a questão que Kenji aponta. Queremos a igualdade, só que essa igualdade não é algo abstrato. Temos que lutar pela igualdade e pela transformação da própria concepção de igualdade, ou seja, pelo alargamento dos padrões de respeitabilidade. No caso das mulheres, Kenji fala da existência de um duplo vínculo. Exige-se delas, simultaneamente, coisas opostas ou nem sempre conciliáveis: que sigam padrões masculinos no mundo profissional e que sejam boas mães e esposas dedicadas. Eu também acho muito interessante o pensamento dele, porque ele não advoga a ruptura, a dissolução de qualquer padrão. De certo modo, ele mostra a importância de haver espaços de convivência, onde todos sejam iguais, onde a diferença não seja levada ao extremo da incomunicabilidade. Não se trata de corroer o espaço público, de jogar o bebê com a água do banho, não valorizar a questão da igualdade ou apenas de afirmar as diferenças. A questão é discutir sobre quais bases essa igualdade será construída.

ZECA – Da maneira como Kenji descreve, podemos estar praticando o *covering*, o disfarce, sem saber...

Carrara – Se você só é aceito se deixar de ser você mesmo – essa é a armadilha. Se deixar de lado ou encobrir sua identidade, se você parecer ser outro, é então aceito. Isso pode produzir um conflito interno muito mais agudo, muito menos identificável, do que quando as diferenças estão mais definidas, os lugares sociais estão mais demarcados. Você pode ser mais bem aceito como *gay* ou como homossexual se você se enquadrar em uma expectativa de masculinidade ou feminilidade. Então, mulheres muito masculinas ou homens muito femininos vão ser malvistos – e isso independe, inclusive, da sua orientação sexual.

ZECA – Mas qual é a imagem "ideal" que é cobrada do homossexual hoje para ser aceito?
Carrara – São vários fatores. Por exemplo, a maneira como você administra sua vida sexual é um ponto importante na atual lógica da aceitabilidade social. Veja a questão da chamada "promiscuidade sexual". Aos homossexuais têm sido crescentemente exigido um padrão monogâmico de conjugalidade para serem bem vistos. Ou seja, são aceitos desde que se enquadrem em certa norma heterossexual de respeitabilidade.

ZECA – Mas a sociedade não está constantemente expandindo esses limites de aceitação?
Carrara – O problema é que, quando uma nova norma se afirma, criam-se imediatamente novos excluídos: aqueles que não têm parceiros fixos, que não são monogâmicos, homens femininos demais ou mulheres masculinas demais para os padrões vigentes.

ZECA – De certa maneira, vemos esses padrões de aceitação sendo alargados também na mídia...
Carrara – Mais ou menos, a questão é saber como eles vêm sendo alargados. Parece apenas ser possível apresentar um casal de homossexuais na mídia, desde que eles não expressem claramente sua sexualidade – o que é uma contradição. Lembremos do polêmico beijo que afinal não houve no último capítulo da novela *América*. O casal *gay* da novela teve, para usar a expressão de Kenji, que passar por um processo de *covering*. Se esse é o preço a pagar, temos que repensar o modo pelo qual a homossexualidade vem sendo aceita. Ou seja, temos que lutar pela igualdade sem deixar de procurar reformular os termos nos quais essa igualdade é definida. O que é considerado discreto, aceitável, comum? O

que não quer dizer que não seja importante o modo positivo pelo qual a mídia vem apresentando a homossexualidade.

ZECA – E o Brasil, então, está num estágio avançado nessa discussão?
Carrara – A sociedade civil brasileira tem se mostrado bastante organizada. Hoje, temos associações nacionais de *gays*, lésbicas, bissexuais, transexuais e travestis. Existem no país centenas de entidades vinculadas a uma associação nacional, a ABGLT, quer dizer, temos uma sociedade que se organiza. Importantes direitos civis têm sido reconhecidos. Casais do mesmo sexo, por exemplo, têm conquistado direitos previdenciários, de adoção ou patrimoniais. Vêm sendo reconhecidos como famílias como outras quaisquer. Diversos Esta-

> Casais do mesmo sexo têm conquistado direitos previdenciários, de adoção ou patrimoniais. **Vêm sendo reconhecidos como famílias como outras quaisquer.**

dos brasileiros aprovaram leis que coíbem a discriminação de lésbicas, *gays*, travestis, transexuais e bissexuais em espaços públicos como restaurantes, lojas, etc. Isso é, em grande parte, produto ou resultado da organização e mobilização da sociedade brasileira.

ZECA – Olhando para a sociedade brasileira, essa organização parece uma contradição...

Carrara – É muito interessante, porque há visões sobre o Brasil que, embora conflitantes, convivem. As vezes a sociedade brasileira é apresentada como desorganizada, uma sociedade civil extremamente fraca; outras vezes, como fortemente mobilizada. Em algumas áreas essa mobilização é muito nítida. O movimento pelo combate à aids no Brasil, por exemplo, é não só organizado, mas bastante singular e original, obtendo com isso conquistas importantes.

ZECA – O que falta discutir aqui então?

Carrara – Temos que pensar em novos espaços de igualdade. Os movimentos que reivindicam direitos iguais têm que simultaneamente desenvolver uma crítica cultural sobre o que significa essa igualdade. Queremos direitos iguais, mas isso quer dizer que devemos nos comportar desse ou daquele modo? Temos ao mesmo tempo que reivindicar direitos sem deixar de questionar os valores, a cultura, os padrões sociais.

ZECA – Você tem um trabalho ligado a um tipo de discriminação – no caso, como os crimes contra os homossexuais eram registrados e investigados pela polícia, certo?

Carrara – Meu interesse era saber como a justiça reagia a esses casos, como é que esses casos eram elaborados do ponto de vista de promotores, advogados, etc. Pegamos casos de assassinatos de *gays*, principalmente nos anos 80, e acompanhamos o modo como a justiça reagia, como ela julgava.

ZECA – Não devia ser muito fácil conseguir essas informações...

Carrara – Temos importantes dossiês sobre violência letal contra *gays*, lésbicas e travestis no Brasil. São dossiês montados por grupos de ativistas. Mas, nesse meu trabalho, tive de partir principalmente de notícias de jornal – um processo que se mostrou complicadíssimo, porque tínhamos a notícia de jornal e o nome aproximado da vítima, já que nem sempre uma notícia de jornal traz o nome exato, muito menos o bairro, o endereço... E nosso universo foi o Rio de Janeiro.

ZECA – Era quase uma outra investigação.
Carrara – Tínhamos que inferir a que delegacia esse caso tinha possivelmente sido encaminhado, ir a essa delegacia, tentar achar o boletim de ocorrência daquele caso e, a partir disso, achar o processo no tribunal, no sistema judiciário carioca. Chegamos a um conjunto até extenso de 65 processos – sobretudo da década de 80. E descobrimos que, sob a rubrica de "violência contra homossexuais" – ou "violência letal contra homossexuais" –, tínhamos realidades muito distintas. Era possível ver em operação esses padrões de aceitabilidade de que falamos, porque o modo como a polícia e a justiça reagiam ao assassinato de um homossexual branco, de classe média, morador da zona sul, era muito diferente do modo como reagiam ao assassinato de travestis, geralmente pobres e negros. O empenho da polícia e da justiça em investigar e punir era muito maior no primeiro caso.

ZECA – Quais foram as principais conclusões desse trabalho?
Carrara – Em apenas um caso encontramos o bom e velho discurso da honra masculina, que imaginamos seria acionado com muito mais freqüência. Algo como: "Ele olhou pra mim, ele me abordou, e isso foi uma desonra. Por isso eu o matei". Felizmen-

te, quando essa argumentação era trazida à baila, os juízes e os promotores tendiam a não aceitá-la, principalmente nos casos de latrocínio, ou seja, de roubo seguido de morte. De maneira geral, nesses casos, a vítima geralmente tinha certo poder e prestígio social, e sua homossexualidade era explicitamente tratada como uma "doença". Apesar de ser essa uma visão bastante discriminatória, paradoxalmente não funcionava para inocentar o réu. Pelo contrário, os acusados, nesses casos, geralmente mais pobres e muitas vezes negros, eram vistos como indivíduos que exploravam a "doença" ou a "fraqueza" sexual das vítimas.

ZECA – Havia então distinção racial, ou mesmo social, nessas ocorrências?
Carrara – Nesses casos, como em todos os contextos da vida social, sempre estão em jogo várias dinâmicas e vários marcadores de diferença. Porque uma coisa é ser um homossexual negro que mora numa favela do Rio de Janeiro. Outra coisa é ser um homossexual branco que mora na zona sul. Um coisa é ser um homossexual que mantém um vínculo monogâmico de conjugalidade. Outra muito diferente é ser considerado "promíscuo" porque tem vários parceiros. Nos nossos casos, quando a vítima era considerada "promíscua" pela polícia e pela justiça, geralmente sua morte não era investigada de modo adequado. Esse trabalho foi muito importante para pesarmos o modo como as várias diferenças, de raça, de classe, de orientação sexual, se articulam para a composição de certos estereótipos.

ZECA – O que talvez nos remeta novamente ao conceito do "disfarce"...
Carrara – Sim, o homossexual branco da zona sul já nasceu numa

situação de *covering*, porque, num certo sentido, ele está mais próximo do padrão de aceitabilidade vigente.

ZECA – Mas não estamos justamente dizendo que são vários os padrões de aceitabilidade?
Carrara – Algumas diferenças são mais importantes do que outras. Algumas diferenças cobrem outras. Se você é uma pessoa que tem uma profissão, uma certa apresentação física, que se adéqua a certos padrões de masculinidade, etc., sua homossexualidade vai ser socialmente tratada de modo muito distinto da homossexualidade daqueles que, em razão de outras diferenças sociais, vão sofrer muito mais preconceito. Podemos dizer mesmo que há homossexualidades, no plural, que dependem de contextos mais amplos, onde diferentes diferenças se articulam.

ZECA – Temos um fenômeno recente no Brasil, que são as paradas *gays*. Não é possível ver nelas um caminho para a aceitação geral?
Carrara – As paradas são um fenômeno extraordinário. Vejamos os números em São Paulo: 2 milhões de pessoas. O que é isso? Para mim, é a grande manifestação política do século 21 no Brasil. Acho que, em grande parte, o sucesso desse tipo de manifestação se dá justamente pelo seu caráter de agregação. As diferenças têm lugar ali, como indica a sigla do movimento, que a cada momento ganha uma letrinha a mais... G, L, B, T (*gays*, lésbicas, bissexuais, travestis).

ZECA – Então as coisas aqui – a própria condição da minoria de precisar viver "disfarçando" – tendem a melhorar?
Carrara – Sou bastante otimista. No caso das chamadas "minorias sexuais", o próprio modo como o movimento GLBT se organiza

tem se mostrado bastante inclusivo, incorporando progressivamente diferentes grupos e identidades. No futuro, talvez tenhamos um movimento cuja sigla seja impronunciável – porque vão ser tantas as letrinhas incluídas, não é? Talvez esse seja o ideal. No final, talvez essa seja a grande conquista.

ZECA – Você parece bastante otimista...
Carrara – Otimismo não significa que chegamos ao mundo ideal, à utopia, até porque esse é um processo que não tem fim. A cada passo, vamos descobrindo outras coisas. Essa é uma das idéias mais interessantes do próprio Kenji: ultrapassada a fase da discriminação mais direta, brutal, começamos a perceber outras discriminações mais sutis. Então o processo de reconhecimento dos direitos civis parece infinito.

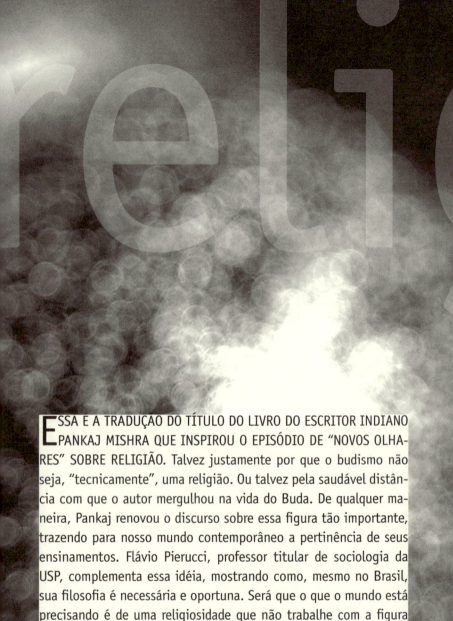

ESSA É A TRADUÇÃO DO TÍTULO DO LIVRO DO ESCRITOR INDIANO PANKAJ MISHRA QUE INSPIROU O EPISÓDIO DE "NOVOS OLHARES" SOBRE RELIGIÃO. Talvez justamente por que o budismo não seja, "tecnicamente", uma religião. Ou talvez pela saudável distância com que o autor mergulhou na vida do Buda. De qualquer maneira, Pankaj renovou o discurso sobre essa figura tão importante, trazendo para nosso mundo contemporâneo a pertinência de seus ensinamentos. Flávio Pierucci, professor titular de sociologia da USP, complementa essa idéia, mostrando como, mesmo no Brasil, sua filosofia é necessária e oportuna. Será que o que o mundo está precisando é de uma religiosidade que não trabalhe com a figura

religião
O fim do sofrimento

do criador? Fomos buscar repostas em dois extremos da prática budista. A diarista Nilza de Fátima usa suas orações como alavanca para melhorar seu cotidiano simples na periferia de São Paulo. Depois de um dia inteiro de trabalho, ela dá aulas de alfabetização de adultos na sua comunidade: "Um dos objetivos da minha prática budista é a melhora do local onde eu moro". Entrevistamos também Bel César, mãe do lama Michel Rinpoche, que deixou a família ainda criança para se dedicar à sua educação espiritual e há catorze anos percorre o mundo ministrando os ensinamentos do Buda. Sobre a separação, ela diz: "A gente anda em dois rios. O rio é muito grande, mas estamos percorrendo as mesmas águas".

PANKAJ MISHRA nasceu no norte da Índia em 1969. Formou-se bacharel em comércio pela Universidade Allahabad e mestre em literatura inglesa pela Universidade Jawaharlal Nehru de Nova Délhi. Aos 17 anos, escreveu seu primeiro romance, que não chegou a ser publicado. Em 1992, mudou-se para Mashobra, uma vila no Himalaia, onde passou a colaborar com várias revistas e com o jornal *The Pioneer*. Seu romance *The romantics* (2000), uma narrativa irônica sobre pessoas que anseiam por satisfação em culturas que não são as suas, foi publicado em nove línguas européias. *An end to suffering: The Buddha in the world* (2004) mistura memórias, história e filosofia com o objetivo de explorar a relevância de Buda no mundo contemporâneo. Atualmente, Mishra divide seu tempo entre Londres e a Índia e está trabalhando em um romance.

ZECA CAMARGO – Não sou budista, e nem você é. Mas me interessei pela história do Buda no seu livro e comecei a me perguntar por que você foi procurar saber mais sobre sua vida.

Pankaj Mishra – Vivi por um tempo em uma vila no Himalaia, onde me inspirei para escrever um livro – e o Buda me pareceu um assunto interessante. Nessas vilas perto do Tibete, as pessoas seguem a versão tibetana do budismo, que é muito interessante: um budismo parecido com o hinduismo, no qual eles adoram um ídolo. Mas não é parecido com o tipo de budismo que encontramos no Ocidente hoje em dia. Essa foi minha primeira inspiração, mas, com o passar do tempo, fiquei profundamente interessado no que o Buda dizia e na relevância das suas idéias para o mundo contemporâneo.

ZECA – Como foi que ele fascinou você?

Mishra – Por um longo tempo, eu identificava o Buda com religião. Religião, porém, é algo que, na Índia, pessoas como eu e várias outras da minha geração encaram com descrédito, fruto de um passado não muito bom em que eu cresci. Eu nunca tinha pensado no Buda daquela forma. Mas aos poucos fui percebendo que ele não falava exatamente sobre religião – pelo menos, não como eu a imaginava. Ele não falava sobre um Deus que você tem que aceitar e ao qual deve obedecer, ou sobre regras que você tem que seguir. Era uma filosofia muito sutil – na realidade, eram idéias. Era um diagnóstico da condição humana, uma espécie de terapia, e foi isso que me interessou: um homem que, 2.500 anos atrás, pensava seriamente nos problemas existenciais, e não tanto em religião ou em criar novos tipos de autoridade.

ZECA – Quando você era jovem e vivia na Índia, antes de começar a pesquisar para o livro, você já sabia muita coisa sobre ele?
Mishra – Muito pouco. Eu era, simplesmente, um ignorante. Só sabia que ele estivera em algum lugar no norte da Índia. Não sabia nem mesmo que ele era uma figura histórica, e isso foi uma revelação para mim. Saber que ele havia caminhado na mesma terra em que eu estava, que ele fora a todos aqueles lugares aonde eu também tinha ido, tudo isso me chegou como uma revelação.

ZECA – No final do livro, você diz que ele era o guia perfeito, não em termos espirituais, mas em termos de idéias, para o mundo complicado em que vivemos, um mundo fragmentado. Foi sobre isso que você quis escrever: como encontrar soluções para esse cotidiano?
Mishra – Sim, mas levei certo tempo para concluir isso, porque eu também era uma pessoa confusa: crescera na Índia, em um lugar semi-urbanizado, semimoderno, viera de uma família tradicional e fora para o mundo moderno. Havia muita confusão na minha cabeça e, claro, na cabeça das pessoas que estavam ao meu redor. Levei um tempo para me conscientizar de que estávamos no meio de uma transição que o próprio Buda havia descrito na sua época, ao falar de pessoas que crescem em localidades pequenas, em famílias tradicionais, e vão para cidades modernas, para um tipo de vida impessoal, num mundo onde você não conhece, de fato, as pessoas que moram ao seu redor. É um mundo onde você tem que fazer relacionamentos individualistas, onde os membros de sua família, da sua comunidade, não definem mais você. Esse é o dilema que pessoas como eu, milhões de pessoas hoje, encaram no seu cotidiano.

ZECA – Em cidades como Mumbai ou São Paulo...
Mishra – Isso mesmo. Todas as cidades grandes, onde as pessoas têm que encarar problemas não somente financeiros, mas também existenciais. Isso cria uma certa ansiedade, traz perguntas do tipo: "Quem é você? Quem sou eu? Por que estou aqui? Por que há tanto sofrimento?". São essas as perguntas, a meu ver, às quais ele se referia.

ZECA – Sua referência era a Índia. Porém, o livro *Um fim para o sofrimento* foi sendo lançado em outros países, e as pessoas começaram a perceber que o cenário que você descrevia também podia ser encontrado na Europa, na Cidade do México, em São Paulo, etc. Quando você começou a perceber que havia escrito sobre um tema mais universal?
Mishra – Somente quando comecei a viajar para fora da Índia e passei a testemunhar formas de budismo no Ocidente. Quando fui a lugares como a Califórnia, onde pessoas extremamente ricas se reuniam por três ou quatro dias em um lugar para meditar. Por que essas pessoas, que são consideradas as mais privilegiadas do planeta, que têm tudo, têm dinheiro, moram em lugares maravilhosos como a Califórnia, estão tão descontentes com sua vida e querem encontrar algo que um indiano disse há mais de 2.000 anos? Isso me fez pensar no Buda novamente – e no que ele disse e que o tornou tão relevante.

ZECA – Ele, o Buda, também foi muito rico e não era feliz. Podemos dizer que isso é o que faz do questionamento algo tão contemporâneo?
Mishra – Na Índia, o budismo era um conjunto de idéias para a elite, pessoas que já tinham passado por experiências de conten-

tamento e chegavam a um ponto em que concluíam que não eram, de fato, muito felizes, não estavam muito satisfeitas com sua vida. Então começaram a pensar no que mais poderiam fazer. Começaram a se perguntar por que estavam tão infelizes. O Buda estava na mesma posição. Sabemos que ele veio de uma família muito rica e, como os americanos da Califórnia, já tinha passado por muitas experiências que a sociedade pode oferecer, mas, no final, sentia que algo ainda estava faltando.

> É isso que essa religião torna possível. **Você não precisa de uma iniciação formal ou algo semelhante.**

ZECA – Como você pode relacionar esses questionamentos com suas experiências descritas no livro? Você mistura as histórias do Buda com as suas próprias, nesse lugar remoto e calmo no Himalaia. Sobre o que você estava se questionando nesse lugar tão distante e tranqüilo?

Mishra – Acho que foi um processo de questionamento das minhas ambições, as que tive quando jovem, quando tentava entrar no mundo moderno, queria ser um escritor, queria viajar, queria morar em cidades grandes, queria fazer parte do que eu pensava ser um mundo excitante. Até chegar à conclusão de que o mundo moderno é um lugar muito complicado, muito sofrido, com altos níveis de violência e desigualdade. Depois, passei a questionar minha fé cega no processo da modernidade, a fé que depositamos na democracia, nas eleições, em várias instituições. O livro é realmente um questionamento das fés com que cresci. É um questionamento feito através da figura do Buda, porque sua filosofia abordava os questionamentos e desafios a sistemas de crenças que construímos para nós, sistemas ideológicos criados para que acreditemos no nosso cotidiano.

ZECA – Uma idéia que pode parecer novidade para muita gente é que a felicidade, segundo o budismo, é baseada em sofrimento. Isso foi quase um choque para mim. Os ensinamentos dele são sobre sofrimento, e não sobre felicidade. Como você acomoda isso?

Mishra – Eu diria que a palavra "felicidade" não é a mais correta; "contentamento", sim. O que ele propõe é uma vida mais fácil – e eu vi isso. Não é uma fantasia. Eu presenciei isso. Há pouco tempo, estive no "quartel-general" dos tibetanos. Você está ali, cercado por monges, e de repente descobre que há uma energia diferente naquele lugar. Você olha para aqueles monges, e eles parecem contentes, nada parece perturbá-los, não há ansiedade naqueles rostos. E eu já vi pessoas que não são monges, mas religiosos, chegarem a esse estágio.

ZECA – Chegaram lá através do budismo?
Mishra – Por qualquer caminho! Não precisa necessariamente ser o budismo, de uma maneira formal. Conheci várias pessoas que são budistas sem saber que são. É isso que essa religião torna possível. Você não precisa de uma iniciação formal ou algo semelhante. Se você pensa sobre aquilo, se tem consciência, pode ser um budista. Acho que era isso que ele, o Buda, estava tentando

dizer: que essas formas convencionais de felicidade podem, de fato, levar a mais infelicidade, até mesmo se você consegue obter aquilo que deseja, porque isso pode gerar outros desejos, e a coisa não acaba nunca. É um ciclo interminável de desejos e descontentamento.

ZECA – Você não se tornou budista só porque escreveu sobre o budismo. Não é, então, uma conseqüência inevitável. Só porque alguém se interessa por Buda não quer dizer que ele venha a se tornar budista.
Mishra – Não. Suspeito de pessoas que se dizem budistas sem ao menos ter noção de algumas idéias básicas, sem ter alguns critérios. Acho que poderia me considerar um budista se conseguisse seguir alguns preceitos religiosos, ser gentil o tempo todo, ter compaixão o tempo todo, me importar com os outros o tempo todo. Eu não poderia ser assim devido ao meu trabalho. Cheguei à conclusão de que há uma contradição em ser escritor e ser budista. Porque, sendo escritor, ao me sentar diante do meu computador pela manhã, quando olho para a tela em branco...

ZECA – Você fica ansioso?
Mishra – Claro! Fico ansioso, e também penso no meu ego, porque um escritor precisa pensar que o que ele escreve é importante e não pode ser feito por mais ninguém. E isso é exatamente o que o Buda recomenda não fazer. É preciso deixar de lado a parte do ego. Então, há uma certa contradição.

ZECA – No Brasil, que tem uma tradição católica, as pessoas podem ver o budismo como algo muito esotérico, muito espiritual e transcendental, quase uma ruptura. Mas, pelo que você diz, é

> Conheço católicos fervorosos e até muçulmanos que, em Nova York, me disseram que ficaram muito inspirados por esse livro e que, por isso, queriam explorar mais a idéia do budismo. **Você pode ter pensamentos budistas sem abandonar sua religião.**

algo mais que isso, certo? Há esse caminho, mas podemos viver de uma maneira budista sem abandonar nossa fé – e isso é algo muito contemporâneo, não?
Mishra – Claro que sim. Conheço católicos fervorosos e até muçulmanos que, em Nova York, me disseram que ficaram muito inspirados por esse livro e que, por isso, queriam explorar mais a idéia do budismo. Isso pode acontecer porque no budismo não há nenhuma exigência como as do catolicismo ou do islamism. Você pode ter pensamentos budistas sem abandonar sua religião.

ZECA – Como aplicar o budismo ao mundo moderno, com toda essa confusão que vemos todos os dias nos noticiários?
Mishra – Acho que um dos fundamentos que o budismo ensina

é a abertura intelectual de conceitos. Veja, por exemplo, o fascismo do Islã. Não há realidade nesse conceito; é simplesmente uma criação ideológica, assim como era o comunismo totalitário. Não se construiu apenas um monte de idéias, mas uma máquina militar em volta das idéias, para combater o comunismo totalitário. E esse comunismo acabou se enfraquecendo a ponto de acabar, como se tivesse havido uma implosão e todo o esforço usado para combatê-lo acabasse se tornando nada. Tudo foi baseado em nada. E acho que agora estamos caminhando para algo parecido, principalmente no Ocidente. Converso muito com pessoas do Ocidente, onde querem combater o fascismo islâmico. Uma atitude budista diria: "O que é esse conceito? Qual a realidade por trás dele? A que ele se refere? Ou é somente uma projeção de medo e ansiedade?". Acho que é isso que faz o budismo tão bom, porque ele dá meios para que as pessoas vençam o medo, a paranóia, as projeções criadas pelas emoções negativas e, através desses meios, sejam capazes de ver a realidade que existe por detrás.

ZECA – Lendo o livro, tive a impressão de que, às vezes, você ficava muito longe, no mundo das idéias de Buda, distanciando-se do cotidiano de hoje. Mas, no final, você conseguiu fazer conexão com os dois mundos?
Mishra – Recorri à minha experiência. Viajei muito, vi sociedades diferentes e tentei chegar a uma conclusão sobre o que estava acontecendo com elas, o que tinha saído errado. Algumas sociedades eram extremamente violentas. Tentei conectá-las com minhas idéias, com as coisas nas quais eu acredito desde que era pequeno, e ver como elas eram inadequadas a situações como as que existem no Afeganistão ou no Paquistão, por exem-

plo. Não se pode chegar a esses lugares e dizer que a organização e a democracia são a resposta. Essas são fórmulas fáceis. Tentei ver que o budismo oferecia um conceito, uma idéia de que o indivíduo tem que ter responsabilidade ética por sua vida. As pessoas não podem esperar que as instituições sejam éticas; elas têm que ser éticas em primeiro lugar, e não esperar que as instituições ajam com ética.

ANTÔNIO FLÁVIO DE OLIVEIRA PIERUCCI é graduado em filosofia pela PUC-SP (1973), mestrado em ciências sociais pela PUC-SP (1977), com doutorado (1985) e livre-docência (2001) em sociologia pela USP. Desde 2005 é professor titular do Departamento de Sociologia da USP. Foi secretário executivo da Associação Nacional de Pós-Graduação e Pesquisa em Ciências Sociais e secretário-geral da Sociedade Brasileira para o Progresso da Ciência. Especialista em sociologia da religião e teoria sociológica alemã, tem também experiência em sociologia urbana e sociologia política com foco em comportamento eleitoral. Além de inúmeros artigos e trabalhos científicos, escreveu, entre outras obras, *Igreja: contradições e acomodação* (1978), *A realidade social das religiões no Brasil* (1997), com Reginaldo Prandi, e *O desencantamento do mundo* (2ª ed., 2005).

ZECA CAMARGO – Podemos dizer que o budismo é uma religião bastante atual?

Flávio Pierucci – Existe um conceito na sociologia que é o conceito de pós-tradicional. O budismo é uma religião que, já no sexto século antes de Cristo, rompe com toda uma tradição muito forte, a do hinduísmo, para procurar um caminho totalmente individual. Isso pode ser visto como uma modernidade muito avançada.

ZECA – Que ruptura era essa que o budismo propunha?

Pierucci – Imagine uma religião que diz: "O mais importante não é sua família, ou seu grupo, ou sua casta... O mais importante é você. E você também é uma ilusão, porque, se começar a pensar, você vai perceber que um dia você pode se extinguir como identidade".

ZECA – Não é curioso que Pankaj Mishra, que é hindu, tenha se interessado pela figura do Buda a ponto de escrever uma biografia?

Pierucci – Mas faz sentido, se você imaginar a trajetória do budismo, que, logo depois que surgiu e se tornou conhecido, perdeu prestígio em sua pátria para crescer na China, no Japão, no Sri Lanka, no Vietnã, e foi recuperado no Ocidente pelos filósofos do século 19. Pankaj tenta mostrar em seu livro que os filósofos ocidentais e cientistas se encantaram com o budismo como se ele fosse uma religião. Mas, ao mesmo tempo, mostra que o budismo deve ser considerado menos uma religião, e mais uma busca filosófica.

ZECA – Mesmo como religião, o budismo é meio difícil de se encaixar...

Pierucci – De fato, o budismo sempre foi uma religião muito peculiar, porque não tem a figura de Deus.

ZECA – Só isso já a colocaria numa categoria especial...
Pierucci – Claro. O budismo não é uma religião de salvação, como grande parte das religiões que conhecemos. O cristianismo é uma religião de salvação, o islamismo é uma religião de salvação, mas o budismo não tem a figura de um Salvador... Como é que você se salva no budismo? A mensagem é: você pode se salvar sozinho, desde que vá apagando em si o desejo, o apego às coisas, o desejo de possuir...

ZECA – Na contramão total de uma vida moderna...
Pierucci – Na contramão total de uma vida moderna, mas ao mesmo tempo muito coerente com a vida moderna, porque mostra ao indivíduo o que ele pode fazer. Ele diz: "É você, e não o seu grupo, que interessa. E você tem chances, se começar a se concentrar para se levar menos a sério". É muito interessante, é desafiador. Não é à toa que a gente sempre pensa no Buda com um certo sorriso, um sorriso meio de Mona Lisa. O Buda tem esse sorriso de quem diz: "É muito difícil o que estou dizendo".

ZECA – Todas as respostas que o Buda propõe estão no plano terrestre?
Pierucci – Ele nem é uma figura divina, como é Cristo para o cristianismo, nem um enviado de Deus, como Moisés para o judaísmo, como Maomé para o islamismo. Não vem um Deus de fora dizer: "Vou te iluminar". A iluminação, a famosa iluminação que o Sidarta (o nome de nascimento do Buda) alcança, não vem sem um enorme esforço. Muita meditação foi necessá-

ria até ele chegar à conclusão de que tudo é sofrimento, mas que é possível o fim do sofrimento. E o fim do sofrimento vem com o fim do desejo.

> A grande loucura do budismo é esta: ele não promete um Salvador que vai te ajudar, que vai te escorar, que vai te dar apoio. **Ele diz: "Você vai ter que contar consigo mesmo".**

ZECA – Mas todas as outras religiões oferecem outra promessa...
Pierucci – Esse é o grande problema das religiões: elas prometem salvação, mas tiram o indivíduo de uma determinada situação de vida e o colocam num outro grupo. Mas, quando uma religião o coloca num outro grupo, cria para ele uma nova dependência: agora ele fica dependente de um Deus, de um Salvador... O budismo evita isso. A grande loucura do budismo é esta: ele não promete um Salvador que vai te ajudar, que vai te escorar, que vai te dar apoio. Ele diz: "Você vai ter que contar consigo mesmo".

ZECA – Mas não é sempre o fim do sofrimento que as pessoas vão procurar nas religiões?
Pierucci – O Buda tem uma solução muito original, porque todas as outras religiões dizem: "Você sofre, está aflito, está an-

gustiado, sofrendo, mas Deus vai ser seu lenimento, vai tirar você da aflição". Então, você cria um ser poderoso, como quem diz: "Você não consegue fazer uma viagem perigosa se não pedir a ajuda de uma pessoa muito poderosa para o proteger". O Buda, não. O Buda diz: "Você vai enfrentar esse caminho sozinho. Você vai aprender. É um trabalho constante que você mesmo terá que fazer".

ZECA – Isso certamente fez as pessoas verem a religião de uma maneira diferente...
Pierucci – A melhor coisa no budismo é exatamente isso: mostrar que o budismo não precisa ser considerado uma religião.

ZECA – Mas muitas pessoas pensam que é uma religião...
Pierucci – Mesmo considerando o budismo uma religião, um estudioso das religiões como eu tem que enfrentar um fato: é uma religião sem Deus. Sendo uma religião sem Deus, ela evita aquilo que mais ofende a mentalidade moderna, que é nos submeter a uma autoridade indiscutível, uma verdade indiscutível.

ZECA – Vimos então o budismo como resultado da ruptura com o hinduísmo, mas hoje, mesmo na Índia, ele tem o seu espaço. No Brasil, as pessoas estariam preparadas para a ruptura que o budismo propõe?
Pierucci – Veja o exemplo da Índia. O hinduísmo é uma religião muito tolerante, abarca tudo. É um pouco como o catolicismo, quer dizer, você não precisa romper com a religião. Há um certo sincretismo. No Brasil, podemos propor uma ruptura também. Mas ruptura com o quê? Com uma religião herdada. Isso nós estamos vivendo no Brasil. As pessoas estão procurando um novo

tipo de religião, a das igrejas pentecostais, que na verdade prometem o quê? Não a lealdade ao seu passado religioso, mas a ruptura com seu passado religioso. Quem é católico, quem é umbandista, deixa de ser para se tornar evangélico, pentecostal. Isso estamos vendo no Brasil: o indivíduo está se soltando do seu passado religioso e se abrindo para a possibilidade de assumir uma nova religião.

ZECA – Porém com promessas totalmente diferentes.
Pierucci – Totalmente diferentes. Essa é a grande diferença em relação ao budismo. Hoje, a promessa evangélica mais comum é: "Seguindo essa nossa promessa, você vai ficar mais rico, vai ter mais saúde, vai ter a cura de doenças, vai resolver problemas concretos, vai ter uma vida melhor". Então, é uma religião que cola muito na cultura capitalista, enquanto o budismo diz: "Não é colando no desejo que você vai ser feliz. A sociedade de consumo só faz você ficar mais fissurado, mais cheio de desejo, e o desejo se multiplica". Segundo o budismo, é só você cortar isso que vai encontrar uma saída.

ZECA – Mas não é isso que as pessoas estão querendo ouvir...
Pierucci – Acho que a grande força dos neopentecostais no Brasil está exatamente em prometer coisas que as pessoas querem. Eles dizem que você vai ser curado de uma doença, ou que Deus vai lhe dar um emprego, ou o carro do ano... E sempre com a promessa de que você vai conseguir! Essas coisas todas é que são a grande novidade.

ZECA – É fácil entender que essas promessas podem ser tentadoras...

Pierucci – Elas são tentadoras porque prometem coisas que a sociedade brasileira não consegue oferecer para a grande maioria da população. Se você tem uma doença, é mais fácil você procurar um milagre do que recorrer ao SUS. Mas, concretamente, olhando com neutralidade, sabemos que, por pior que seja, o sistema de saúde garante mais do que o milagre que eventualmente poderia acontecer. Sempre gosto de dizer o seguinte: "Tudo bem, você procura a cura. Digamos que a religião consiga curar você. Mas a religião não cura todos os outros que a procuram". O milagre é uma coisa excepcional. Mesmo admitindo que ele possa acontecer, ele só acontece de uma forma muito extraordinária.

> Na América do Norte e na América do Sul existe exatamente essa idéia: a de que uma pessoa sem religião é impensável. **As pessoas morrem de medo de dizer publicamente que não têm religião.**

ZECA – Mas quem disse que o brasileiro quer ouvir uma mensagem do tipo "a solução está dentro de você"?
Pierucci – É difícil o brasileiro ouvir isso, mas foi difícil também para os indianos. Buda não recebeu uma adesão imediata.

ZECA – Mas o tempo, sobretudo o tempo para a introspecção que o budismo exige, parece um luxo para a maioria das pessoas.
Pierucci – Eu, como sociólogo, tenho pensado nisso. A mensagem do budismo diz que você precisa ter tempo para meditar, para se concentrar, e não é todo mundo que pode fazer isso. Então, acaba dando a impressão de ser uma religião muito elitizada. Um operário, um lavrador, uma faxineira aparentemente não têm esse tempo disponível. Agora, o êxtase pentecostal é mais acessível. Você pode ir lá no fim do dia e receber o Espírito Santo. É muito mais vapt-vupt.

ZECA – Quando falamos que o budismo é uma religião sem Deus, será que essa mensagem não se confunde com a de um ateísta? E isso não seria... arriscado?
Pierucci – Na América do Norte e na América do Sul existe exatamente essa idéia: a de que uma pessoa sem religião é impensável. As pessoas morrem de medo de dizer publicamente que não têm religião. A exposição midiática das religiões só fortaleceu essa idéia: todo mundo tem que ter uma religião, seja ela qual for. Pode até mudar de religião, mas tem que ter religião. Não é verdade, há muitas pessoas sem religião.

ZECA – Por que isso acontece?
Pierucci – Acho que a religião faz hoje muito *marketing* de si mesma. Ela diz: "Você precisa da religião para ser feliz, para ter saúde física, para ter saúde mental. Mas nem todos precisam de religião para ter saúde física e mental. Há quem viva muito bem sem religião.

ZECA – Mas existe um movimento claro a favor do ateísmo?

Pierucci – Hoje, na Inglaterra, mas também nos Estados Unidos, filósofos e cientistas estão dizendo: "Nós, ateus, somos muito mais que os que assim se admitem". Eu brinco que deveria até haver uma campanha: "Saia do armário! Diga publicamente que você é ateu. Isso vai estimular outras pessoas a criar coragem e dizer que não acreditam em Deus". Mas é algo muito difícil, porque logo vamos dizer que uma pessoa que não acredita em Deus é suspeita de ter maus sentimentos, de não ter solidariedade humana...

ZECA – Essa é uma reação comum?
Pierucci – Uma vez perguntei a uma senhora se ela achava que negros e brancos são iguais. "Negros e brancos são iguais?", ela disse. "Isso é falta de religião! Isso é falta de religião católica!" Você percebe? Quando você quer acusar as pessoas de pensarem de maneira diferente da sua, você diz: "Esse é um cara sem religião!".

ZECA – É fácil encontrar essa reação no Brasil...
Pierucci – O crescimento das religiões evangélicas de um modo geral não contribui para uma abertura. Elas dizem: "Você tem uma religião só, e só ela você vai seguir". É uma escolha absolutamente excludente. Em vez de haver várias religiões que se misturam, há várias religiões que se excluem. São grupos muito definidos culturalmente, que, para defender sua identidade, se separam. Isso está aparecendo no Brasil, nas camadas mais pobres, por causa dos evangélicos: a pessoa que diz que tem uma religião – e só aquela!

ZECA – Para onde isso caminha?
Pierucci – Para uma mistura cada vez maior, apesar da tendência

> Eu brinco que deveria até haver uma campanha: **"Saia do armário! Diga publicamente que você é ateu".**

a uma certa exclusividade, mesmo da parte das igrejas evangélicas. As igrejas neopentecostais, por exemplo, já admitem certos rituais. O ritual de exorcismo já inclui um pouco da dramaturgia das religiões afro-brasileiras. Pelo menos ritualmente, muitos brasileiros hoje conhecem Exu por causa da Igreja Universal do Reino de Deus. Porque só a propaganda do candomblé era insuficiente para colocar na mídia, diretamente, a figura do Exu. Então, isso tem efeitos sincréticos.

ZECA – Voltando ao budismo, qual seria seu maior apelo para encarar o mundo de hoje?
Pierucci – Há uma idéia do budismo de que eu gosto muito, que é a idéia de que tudo passa. Temos uma forte tendência a achar que eu sou eu, sou assim e pronto. O budismo ensina que nossa identidade passa, que ela é móvel, que tudo passa, e que é muito melhor pensarmos que somos algo pelo qual as pessoas passam, as coisas passam, os animais passam... Essa idéia do desapego eu acho perfeitamente possível. É perfeitamente possível porque implica desapego, mas ao mesmo tempo compaixão, solidarieda-

de... afeição! Mas uma afeição que não é apego. Você tem afeto por todo mundo, quer dizer, as pessoas precisam de afeto, e você pode ter afeto não só por algumas pessoas, mas por todas as pessoas. Isso é muito forte no budismo.

ZECA – Mas como separar a idéia do afeto da do desapego?
Pierucci – É um afeto sem apego, ou seja, você olha para as pessoas, para os animais e – por causa do alarme que existe hoje com relação ao planeta – para as plantas e para o meio ambiente com afeição, com carinho, sem querer aquilo para você. É olhar para a árvore sem achar que a árvore é sua, olhar para os animais sem querer possuí-los.

ZECA – Podemos até dizer que, nesse sentido, o budismo é uma das religiões mais... verdes?
Pierucci – Essa talvez seja minha maior tristeza em relação ao crescimento das igrejas pentecostais e neopentecostais no Brasil. Talvez sejam as religiões com menos sensibilidade ecológica que eu conheço. Não há lugar para essa mensagem. Tente prestar atenção, para ver se elas estão abordando esse tema, ainda que minimamente – não estão! Estão preocupadas com seu crescimento, em passar a mensagem de que Deus cura o corpo, mas não são capazes de pensar na cura do planeta. Isso é muito decepcionante para mim, pois sei que, embora a respeite muito, é uma religião que não tem essa mensagem, não tem essa ligação com a Terra.

ZECA – Para encerrar, acho que o que vemos hoje, nas pessoas que procuram o budismo, é uma tentativa de busca pessoal, sem a intervenção divina.

Pierucci – Mas essa sempre foi a busca de toda a filosofia ocidental. Pela razão humana, desde Kant, chega-se à idéia de que todos os seres humanos são iguais, mas, mais que isso, iguais porque têm a mesma dignidade. O grande desafio hoje é unir duas coisas: o respeito pela dignidade do ser humano, que está em cada um de nós, e o respeito pela individualidade, por aquilo que particulariza cada um. As pessoas querem ser respeitadas e consideradas únicas, insubstituíveis. Para isso, não é preciso religião! Precisa-se de arte! Precisamos desenvolver valores ligados à arte: a espontaneidade, a criatividade, a expressividade. E as religiões não estimulam isso, porque são muito estereotipadas. Cada religião está sempre reproduzindo as mesmas coisas. Esses valores – criatividade, expressividade, autenticidade – vêm da arte, da esfera estética, não da esfera religiosa.

QUANDO SEU FILHO ALCIDES ENTROU NA MELHOR FACULDADE DE MEDICINA DE PERNAMBUCO, MARIA LUIZA NÃO SE AGÜENTOU: SAIU COMEMORANDO de maneira explosiva, nada comedida e sobretudo espontânea. Maria Luiza é carroceira em Recife: vende salgados e refrigerantes nas ruas para sobreviver. Mas, com muita determinação, fez o filho estudar para ter uma vida diferente da dela. E, quando veio o resultado, sua comemoração foi um momento da mais pura felicidade. Mas o que é essa coisa que todos

felicidade
Uma bela explosão

buscamos? O professor de história da Universidade da Flórida, Darrin McMahon, pesquisou a evolução do nosso conceito de felicidade desde os tempos antigos e traçou uma biografia desse conceito tão abstrato. Ainda nesse episódio, o antropólogo Roberto DaMatta enfocou a busca da felicidade no Brasil, segundo ele, o país do "caos planejado", o carnaval. É assim que conseguimos driblar um cotidiano tão cheio de obstáculos: sabendo que, pelo menos uma vez por ano, estamos livres para alcançá-la.

DARRIN MCMAHON é professor de história na Universidade da Flórida. Estudou na Universidade da Califórnia, em Berkeley e em Yale, onde recebeu seu PhD em 1997. É autor de *Enemies of the enlightenment* e *Felicidade, uma história*, em que aborda as concepções de felicidade ao longo de quase três mil anos da história da cultura ocidental. Também organizou, juntamente com Florence Lotterie, *Les Lumières européennes dans leurs relations avec les grandes cultures et religions du XVIII siècle*. Publicou diversos artigos em jornais, como *Wall Street Journal* e *The New York Times*. Sua obra mais recente, *The pursuit of happiness; from the Greeks to the present*, Darrin McMahon oferece um brilhante resumo da história da felicidade e de sua evolução, de dom divino a direito humano, até nossos dias.

ZECA CAMARGO – Falar sobre felicidade pode parecer fácil, mas não deve ser simples escrever sobre algo que as pessoas estão tentando definir há anos...

Darrin McMahon – Foi um grande desafio escrever um livro sobre algo que não se pode nem definir. As pessoas perguntavam sobre o que eu estava escrevendo, e eu respondia que não sabia ao certo. Escrevi durante seis ou sete anos, e, quando me perguntam o que é felicidade, coço a cabeça, porque a definição é difícil.

ZECA – Como o assuntou o interessou pela primeira vez?

McMahon – A idéia de felicidade ganhou importância lá pelo século 18, nos Estados Unidos, com a Declaração da Independência. Era também uma grande idéia na França (Declaração dos Direitos do Homem) e na Europa em geral. Eu me deparei com esse assunto nos anos 90, quando as pessoas estavam procurando a felicidade e se falava de felicidade em todos os lugares... Essa era a atmosfera cultural, essa quase obsessão pela felicidade, pelo prazer. Então, quando estava ensinando civilização contemporânea, dos antigos gregos até o presente, começando por Platão e Sócrates, observei que, livro após livro, a felicidade era o tema central. Então, achei que seria uma grande idéia para um livro.

ZECA – Antes de chegar ao século 18, vamos voltar atrás. Desde quando o homem pensa sobre a felicidade?

McMahon – Em todas as línguas ocidentais, a palavra "felicidade" tem uma ligação com a palavra "sorte". Na cultura antiga, antes de Sócrates, a felicidade não era algo que se pudesse esperar da vida, algo que se pudesse ganhar, porque o mundo é precário e incerto. Deus move o universo, o posicionamento das estrelas, tudo. Então, se você está feliz, você tem sorte. Não havia nada que se pudesse fazer a esse respeito. Esse conceito muda dramaticamente com Sócrates. Segundo ele, todos sabem que as pessoas querem a felicidade, e a pergunta é: como consegui-la? Sócrates começou a direcionar a filosofia na busca da felicidade. Depois dele, a felicidade foi a idéia central de Platão e particularmente de Aristóteles, que fez dela o objetivo da filosofia. Felicidade não era algo que se podia esperar pelo simples fato de sermos seres humanos.

ZECA – Mas já se pensava que ela poderia ser alcançada...
McMahon – Sim. Todas as principais escolas gregas e romanas de filosofia procuravam a felicidade. Todos os filósofos tentavam chegar a ela de maneiras diferentes.

ZECA – Podemos dizer que a primeira grande mudança nesse conceito de felicidade chegou com o cristianismo?
McMahon – Acho que as pessoas não pensam no cristianismo como uma religião feliz, porque o símbolo central do cristianismo é um homem que sofre, em agonia, numa cruz, um instrumento de tortura. Em grego, a palavra "bem-aventurado", que encontramos em evangelhos como os de Mateus e Lucas, é outra palavra-chave para felicidade, e tanto Aristóteles quanto Platão a usaram. Lendo Mateus ou Lucas, é interessante ver que eles dizem "bem-aventurados os que estão tristes, porque eles encontrarão o reino dos céus". O cristianismo veio para dizer que, devido ao pecado original, devido às transgressões do passado, deixamos a perfeição do paraíso. A nova vida será difícil e cheia de sofrimentos, mas haverá uma recompensa no final. Os cristãos ficam imaginando como será essa felicidade que haverá na próxima vida, como será a vida no outro mundo. Desde o início do cristianismo, sempre

houve um conflito em relação a quanto podemos contribuir para a nossa salvação, conflito que, durante a Reforma, se estabeleceu entre católicos e protestantes. Essa disputa vem de antes, com Santo Agostinho, uma das figuras críticas. Ele disse que era preciso ter "graça", e que ninguém teria a graça de Deus a não ser na próxima vida. Para Santo Agostinho, o pecado original era tão importante porque ele nos afastou da perfeição neste mundo. Então, há sempre essa oscilação no cristianismo. Algumas pessoas afirmam que podemos contribuir para a nossa salvação, outras enfatizam nossa total inabilidade para tal. Na Idade Média, São Tomás de Aquino se refere a Aristóteles e o incorpora à tradição cristã, dizendo que, sendo virtuosos, contribuímos para a nossa salvação e nossa felicidade. Claro que não podemos fazer tudo sozinhos e precisamos da ajuda de Deus e da Igreja.

ZECA – Mas, como você descreve no livro, veio a ciência e mudou um pouco esse equilíbrio...

McMahon – Antes disso, coisas interessantes aconteceram no século 17, uma delas com o cristianismo. As pessoas deixaram de se preocupar tanto com o inferno, as chamas, as torturas, as queimaduras, e passaram a enfatizar o mundo criado por Deus, que teve em mente, quando o criou, que podíamos aproveitar o que ele nos havida concedido. O paraíso não tinha dado certo, mas o mundo não era mau, e não deveríamos encará-lo como se fosse. Sendo cristãos, devemos ser felizes por viver neste mundo. Muitos cristãos passaram a ver o mundo dessa maneira, e a aproveitar a vida aqui porque era o que Deus queria. Isso abriu a porta para se pensar a felicidade dentro da tradição cristã. Mas, enfim, você falou sobre ciência – o outro lado. Uma figura importante foi o filósofo inglês John Locke, amigo e seguidor de Isaac Newton, que era chamado "o Newton da mente". O que Newton fez em física ele fez em metafísica. Locke diz que o ser humano é como o universo, age de acordo com leis. Uma das leis da nossa natureza é sermos atraídos pelo prazer e repelirmos a dor – como objetos gravitacionais. E foi assim que Deus imaginou que o mundo seria. Então, por que isso é algo ruim? Não deve haver nada errado com o prazer. Devemos usufruí-lo. O que devemos fazer, como pensadores, governantes, cientistas, é tentar criar uma vida com mais prazer e reduzir o sofrimento e a dor. Muitos dos objetivos humanitários advêm daí, dessa época (séculos 17 e 18) que mostrou que o sofrimento era ruim. Teríamos que tentar reduzir a dor e alcançar o prazer, porque ele é bom.

ZECA – Esses pensamentos não eram conflitantes?

McMahon – Em minha opinião, o século 18 foi complexo, maravilhoso, rico e cheio de tensões. Uma das tensões que tentei mostrar no meu livro foi que, quando o Iluminismo surgiu e mostrou que poderíamos sentir prazer nesta vida, que a dor era algo que deveríamos evitar, que poderia haver felicidade nesta vida, as pessoas ainda estavam refletindo se deveriam pensar dessa maneira ou não devido ao cristianismo, porque o objetivo da vida era alcançar o prazer máximo, mas não na Terra, lembre-se. Uma das coisas que o Iluminismo fez foi trazer esse conceito para a vida terrena. O objetivo da vida neste mundo é obter o máximo possível de prazer. Isso criou um conflito, porque a vida não foi idealizada para que fôssemos felizes o tempo todo, e a mente humana não foi projetada dessa forma. Um dos argumentos que uso no livro é que, no momento em que dizemos às pessoas que elas podem ser felizes, que não há nenhum problema em ser feliz, um conflito moral se estabelece, porque elas

> Como seria possível pensar em felicidade depois de Auschwitz, depois da Segunda Guerra Mundial, **quando tantas pessoas morreram?**

começam a imaginar que, se não forem felizes, é porque devem ter feito algo de errado, ou alguém falhou com elas, e isso se torna um fardo. Isso aconteceu a partir do século 18. Nesse sentido, Rousseau é uma figura crítica para mim. Ele disse alto e em bom tom que não era feliz. Disse que queria ser feliz, que deveria ser feliz, mas que não era e sofria o tempo todo. Queria saber o que havia de errado. Não culpava o pecado original, como os cristãos, mas dizia que não era feliz porque a sociedade era constituída de uma maneira errônea, com injustiça, intolerância e avareza. Dizia que poderíamos mudar a sociedade, refazer a humanidade e, de fato, tornar os seres humanos felizes como deveriam ser. Essa é uma idéia política muito forte, tanto que Marx e muitos outros a assimilaram no século 19.

ZECA – Vamos falar do século 20, depois que essas utopias foram desafiadas. Como era possível falar sobre felicidade quando tanta coisa ruim estava acontecendo? Como foi possível reconstruir a idéia de felicidade depois da metade do século 20?
McMahon – Isso está no capítulo final do livro. Como seria possível pensar em felicidade depois de Auschwitz, depois da Se-

gunda Guerra Mundial, quando tantas pessoas morreram? E, mesmo assim, nos anos 60, a felicidade e sobretudo o prazer do sexo estavam ao alcance de todos. Para não falar das drogas... Nessa década, nos Estados Unidos, políticos falavam de uma política de felicidade. Lembra de um dos maiores ícones dessa época, aquela carinha com sorriso? Como isso é possível? Uma coisa que acho perturbadora e otimista ao mesmo tempo é a idéia dos psicólogos contemporâneos de que a mente humana é como um termostato.

> Então, será que hoje em dia os seres humanos pensam em felicidade em termos de consumo, dinheiro, etc.? Acho que sim, mas até um certo ponto. **Depois, querem algo mais.**

ZECA – Passamos por muito sofrimento no século 20, mas voltamos ao humor de antes?
McMahon – As pessoas têm a habilidade de esquecer e continuar em frente. Escrevi sobre um sobrevivente do holocausto que saiu de um campo de concentração, tornou-se psicólogo e escreveu sobre a busca da felicidade, como se o lado terrível da Segunda Guerra Mundial lhe tivesse dado forças para tirar alegria da vida.

ZECA – Assim como Primo Levi?
McMahon – Sim. Essa idéia de um ponto no termostato. Há um lado negro e um lado claro. O lado escuro diz que você talvez não possa mudar tudo, mas poderá voltar ao que era antes. Os seres humanos têm essa habilidade de voltar ao ponto inicial e continuar em frente.

ZECA – Para as pessoas de hoje, a idéia de felicidade pode ser conectada a coisas que podem ser consumidas, compradas. Você vê isso dessa maneira?
McMahon – Conversei com várias pessoas sobre felicidade, não somente com filósofos e pensadores. O interessante é que, se você perguntar às pessoas o que elas acham que é felicidade, elas responderão que é algo que as faz sorrir e sentir-se bem. Mas, se você insistir, elas dirão que a felicidade tem a ver com família, com estar de bem com o mundo, com religião e com ter um propósito. Então, será que hoje em dia os seres humanos pensam em felicidade em termos de consumo, dinheiro, etc.? Acho que sim, mas até um certo ponto. Depois, querem algo mais. Por isso, acho que este é um momento de transição da sociedade ocidental. Todos sabem que dinheiro é bom, mas não traz felicidade. Estudos interessantes mostram que, pelo menos no nível mais baixo de desenvolvimento econômico, as pessoas ficam mais felizes à medida que se tornam mais abastadas, mas isso tende a se estagnar. Entre pessoas de baixo nível econômico nos Estados Unidos (que ganham US$15 mil por ano), ou em sociedades pobres, as pessoas que ficam mais ricas podem comprar produtos de primeira necessidade, podem se prevenir de acidentes e coisas no gênero, podem aumentar a felicidade, mas depois de um certo tempo o nível de felicidade fica estável e,

então, elas passam a querer outras coisas. Vivemos numa época em que a propaganda nos faz acreditar que, se tivermos um pouco mais disso ou daquilo, seremos mais felizes, mas, lá no fundo, a maioria sabe que não é bem assim.

ZECA – Isso talvez signifique que vivemos numa época muito conturbada, especialmente nas grandes cidades como Nova York e São Paulo. Como viver em harmonia com tantos conceitos de felicidade coexistentes?

McMahon – Essa é uma pergunta complicada. Em minha opinião, uma das coisas que a era moderna desistiu de fazer foi pensar que existe um caminho para a felicidade, que existe um significado para a felicidade. Cada um de nós a busca de uma maneira. Isso torna a felicidade hoje muito difícil, porque o que faz um homem feliz deixa outro triste. Muitas noções diferentes coexistem – e isso é necessário. O problema aparece quando elas colidem, ou quando uma noção se interpõe no caminho da outra. Em inglês, a palavra "*pursuit*", como aparece na expressão "*the pursuit of happiness*" ("a busca da felicidade"), tinha um significado mais forte, no século 18, do que tem agora. Significava perseguir, correr atrás de alguém ou de alguma coisa como se a estivesse perseguindo. Em francês, a expressão pode ser traduzida como "caça à felicidade". Imagine então alguém caçando a felicidade, metaforicamente falando. Quando se caça alguma coisa, usa-se uma arma, corre-se atrás da presa, que depois é morta. Chego à conclusão, no final do livro, de que a procura é mais divertida do que o encontro. Você persegue, persegue, persegue e aproveita a jornada. E acho – ou talvez seja uma visão romântica que os americanos têm dos brasileiros – que vocês são muito bons nisso, em aproveitar o momento.

ZECA – Essa é a conclusão a qual você chega no final do livro: perseguir a felicidade é melhor que consegui-la. Você acha que a maioria das pessoas poderia viver feliz com essa idéia?

McMahon – É uma idéia romântica. Cito Cervantes, que, em *Dom Quixote*, disse que a jornada é melhor que a chegada, que a estrada é melhor que o destino ao final do dia. Por outro lado, acho que essa idéia se aplica bem às regras do mundo em que vivemos hoje. É difícil, para nós, pensar em termos de grandes objetivos, como no século passado, quando as pessoas pensavam em correr atrás da verdade, da honra, da salvação. Não estou dizendo que não fazemos mais isso; claro que fazemos, mas não da mesma maneira. Não investimos nesses grandes conceitos com tanto empenho. Eu, pelo menos, estou muito mais consciente da fragilidade da existência, da necessidade de aproveitar cada momento.

ZECA – Escrever esse livro lhe deu, de alguma forma, algum conforto quanto à idéia de felicidade?

McMahon – Costumo dizer que a felicidade está fora do meu sistema, no bom sentido. Quando comecei a escrever esse livro, eu, assim como muitos americanos e muitas pessoas no mundo ocidental, estava obcecado pela felicidade. Agora não estou tão preocupado com a felicidade. Talvez esteja cansado dela por ter trabalhado no livro durante sete anos. Ironicamente, o melhor meio de ir em busca da felicidade talvez seja ir em busca de outras coisas: deixar a felicidade de lado e permitir que ela venha até você, em vez de você ir até ela. Você terá mais paz.

ROBERTO DAMATTA é antropólogo e tem atuado como conferencista, professor, consultor, colunista de jornal, produtor de TV. Foi chefe do departamento de antropologia do Museu Nacional e coordenador do seu programa de pós-graduação em antropologia social. É professor emérito da Universidade de Notre Dame, USA, e professor associado da Pontifícia Universidade Católica do Rio de Janeiro e da Universidade Federal Fluminense. Realizou pesquisas etnológicas entre os índios Gaviões e Apinayé. Investigou o Brasil como sociedade e sistema cultural por meio do carnaval, do futebol, da música, da comida, da cidadania, da mulher, da morte, do jogo do bicho e das categorias de tempo e espaço. DaMatta é autor de diversas obras de referência, como *Carnavais, malandros e heróis*, *A casa e a rua* e *O que faz o brasil, Brasil?*. Suas publicações mais recentes são *A bola corre mais que os homens* (2006), *Tocquevilleanas: crônicas e observações sobre os Estados Unidos* (2005) e *O que é o Brasil?* (2005).

ZECA CAMARGO – Não é uma trajetória muito simples, mas como podemos dizer que o brasileiro entendeu a felicidade ao longo de sua história?

Roberto DaMatta – Precisamos voltar no tempo para entender isso: quando falamos em felicidade, nós, brasileiros, nos remetemos a uma palavra latina, "*felicitas*", que significa "felicidade", "boa sorte". Assim, felicidade exprime a idéia de um momento em que todas as circunstâncias se reúnem para produzir um efeito pessoal ou coletivo excepcionalmente positivo (por exemplo: ser campeão do mundo de futebol ou ganhar uma loteria). No vocabulário anglo-saxão, trata-se de outra coisa. Fala-se de uma categoria importantíssima, a tal de "*happiness*". Ela tem uma raiz diferente e, para tornar uma longa história curta, um elemento fundamentalmente político e um viés individualista. Tanto que foi inscrita na Declaração de Independência dos Estados Unidos e, como tal, passou a fazer parte de uma agenda social positiva e otimista que tem sido a base da cultura iluminista e americana. Desde o século 18, o conceito de felicidade, de ser feliz, integra a idéia de cidadania americana como algo auto-evidente. Assim, esse cidadão americano é forjado não só pela idéia do individuo racional autônomo, que independe da família e dos outros, mas sobretudo tem o direito à busca da "felicidade" do bom governo e dos outros direitos individuais. Num sentido preciso, na concepção coletiva dos Estados Unidos, é o cidadão que faz a família, e não a família que o faz. Ele é que faz o país, e não o país que o faz. Assim, ele tem direito à felicidade – todos os seres humanos (e, hoje, quase todos os seres vivos, inclusive as plantas) têm direito à felicidade. Essa noção é completamente diferente da noção tradicional (que existe no Brasil) de que a felicidade é uma espécie de toque mágico e, mais que isso, um sinal de superioridade social e política, dentro de um sistema onde as coesões sociais são relativamente fixas. Sorte e felicidade é ter nascido rico ou ser "bem-nascido". Como dizia o bordão de um personagem bem conhecido de um programa de televisão, o chamado "primo pobre", "rico é que é feliz..."

ZECA — E nós, no Brasil? Ficamos com qual dessas definições?
DaMatta — Tenho a impressão de que, no caso brasileiro, mais do que no caso americano, a felicidade continua sendo definida como um momento extraordinário, fugaz e, sobretudo, como indiquei, como uma marca de superioridade social: uma marca aristocrática que separa quem tem sucesso por nascimento, poder, dinheiro, fama, etc. de quem não tem. A felicidade do rico é um axioma brasileiro que precisa ser lembrado ao inverso: dinheiro não traz felicidade.

ZECA — Mas que momentos são esses?
DaMatta — Ao lado disso, a felicidade brasileira define momentos mais coletivos do que individuais. Ninguém pode ser feliz sozinho, como diz uma canção popular muito conhecida do Tom Jobim. Para nós, ao contrario do que dizia Sartre, o céu (e não o inferno) são os outros. Assim, as imagens de felicidade se fundem com momentos de bem-estar com a família, quando está todo mundo bem. Porque a vida não só é curta, mas é também, para nós, ibéricos e brasileiros – sobretudo brasileiros –, um vale de lágrimas, uma salve-rainha!

ZECA — Mas nós também almejamos esse outro conceito de felicidade conquistada?
DaMatta — O que está embutido no conceito anglo-saxão de feli-

cidade, que é um conceito moderno, é que a felicidade passa primeiro pelo indivíduo e pelo desempenho individual. Nesse sentido, ela pode ser conquistada ou obtida, desde que se siga um programa mais ou menos racional. Assim, a felicidade é possível, está ao nosso alcance, está dentro de casa, ou num programa de mestrado, ou em ganhar dinheiro, ou na sexualidade... Essa felicidade é a felicidade moderna. Qual é o problema com ela? O problema é que, quanto mais você segue o programa, e eventualmente encontra essa felicidade, mais difícil fica alcançá-la na plenitude. No fundo, essa idéia de felicidade traduz a idéia de uma sociedade aberta ou até mesmo ausente. Eu não preciso de ninguém para ser feliz – esse é o ponto. Mas, de fato, mesmo dentro do individualismo moderno americano, o coletivo, o outro, o grupo, o emblema, o símbolo surgem como prova e testemunho de que se é feliz. A descoberta de que a felicidade, como tudo o mais, é um fato social ou cultural desaponta. E prova isso a dramaturgia americana, toda ela voltada ao amor, que requer o outro e que, por isso, é fonte de sofrimento ou de prazer. No caso americano, a paixão amorosa é sempre vista como uma intoxicação, o exato oposto do Brasil, onde estar apaixonado não é uma "queda" (um *"fall in love"*), mas um elevar-se à altura dos deuses.

ZECA – O brasileiro pensa então na busca do sucesso pessoal?
DaMatta – Para muitos brasileiros, a idéia de felicidade está mais ligada à idéia de sucesso coletivo do que ao individual. Prova isso a recorrente idéia de utopia como felicidade coletiva dos socialistas, dos populistas, quando se acredita que é mesmo possível construir neste mundo uma sociedade perfeita: sem desigualdades substantivas entre os homens. Quer dizer, temos um problema com a felicidade individual – não adianta eu ser feliz sozinho

–, que é confundida com egoísmo. Para nós, é complicado acreditar que o sonho individual possa se tornar real – o que é um paradigma formidável, não é? Quando sonhamos juntos, como diz a música, transformamos o sonho em realidade. Então essa é, para mim, uma parcela importante do nosso conceito de felicidade, que não tem nada de cívico ou de político.

ZECA – De que lado, afinal, nós ficamos?
DaMatta – No Brasil, várias noções de felicidade estão competindo e também se complementando. É múltipla a noção de felicidade, com seu lado coletivo e seu lado individual. Tenho certeza de que conhecemos mais a felicidade pessoal do que a coletiva, porque até hoje temos dificuldade em olhar o Brasil como uma sociedade que deu certo.

ZECA – Mas a idéia de felicidade está, pelo menos na modernidade, muito ligada à idéia de sucesso, não é?
DaMatta – Como é que você define o sucesso? Se você traçar a história da palavra "sucesso", ela vai coincidir com o conceito de felicidade que aparece nas idéias de Darrin McMahon. Há um movimento muito importante de passagem do conceito antigo para o moderno. A felicidade antiga é a do momento extraordinário, da boa sorte, da excepcionalidade... Havia a família, e tudo era marcado pelo ambiente familiar. Na Grécia, você era um cidadão livre, que participava das assembléias, mas sempre pertencia a uma família. Era uma sociedade definida por famílias, e nesse pertencimento a uma família é que se dava a cidadania. Não era você que fazia a família, a família é que fazia você, como é ainda é, conforme sabemos, o caso de boa parte do Brasil... Você tem um sobrenome que o define: "Ele é importante, ele é da família

> Eu quero sucesso e felicidade, mas preciso constantemente calibrar essa busca dialogando com minha sociedade.
> **O sucesso a qualquer preço não é legítimo.**

tal"... Enfim, a felicidade ocorria quando você era tocado por alguma coisa e escapava àquela conformação com a família. Você se transformava subitamente, você era iluminado. Era como se dissesse: "Eu tenho uma individualidade", e isso era uma prova de que os deuses o haviam distinguido (para um destino bom ou cruel, como ocorreu com Édipo e tantos outros).

ZECA – Então esses estados de individualidade eram exceções. O que mudou? A Revolução Industrial?
DaMatta – A partir da Revolução Industrial, sobretudo da Revolução Francesa e Americana, o homem como entidade individual foi definido como centro de tudo, inclusive do sistema político. Então, além de ser sorte, a felicidade passa a definir também um ideal, uma carência, uma busca, que é a busca da transcendência – a busca do equilíbrio entre interesses privados e virtudes públicas. Eu quero sucesso e felicidade, mas preciso constantemente calibrar essa busca dialogando com minha sociedade. O sucesso a qualquer preço não é legítimo. Ora, essa busca de legitimidade promove esse imenso dinamismo que conforma a vida moderna. Nela, o individual e os valores coletivos estão em diálogo e choque o tempo todo.

ZECA – Passamos então a buscar uma fórmula para viver eternamente satisfeitos? Felizes?
DaMatta – Somos uma civilização que se confronta constantemente com esses dois modelos: de um lado, as possibilidade que acreditamos sejam infinitas – portanto, a felicidade individual sempre é alcançável –, e de outro os limites dessa felicidade, que são complicados. Nosso problema maior é discutir os limites, porque a felicidade também consiste em dizer não a si mesmo... É uma ingenuidade pensar que se pode seguir uma fórmula para obter a felicidade (como ensina toda uma literatura inventada exatamente pela modernidade americana, tipo: "Como ser feliz em cinco lições"), como é também pessimismo pensar, como fazem muito bem os portenhos e alguns grandes pensadores, que tudo nesta vida é uma porcaria, porque ninguém pode ser realmente feliz sabendo que, um dia, vai morrer. Viver é saber manter esse equilíbrio.

ZECA – Mas antes de chegarmos a esse estágio tão... confuso, nossa idéia de felicidade era importada da Europa?
DaMatta – Olhe para o nosso descobrimento, para a motivação dos descobridores: as pessoas saíram de Portugal em busca de fortuna, em busca de nome de família, que alguns não tinham. Mas esses fizeram o nome de família aqui. "Brasileiro" era aquele que vinha para o Brasil, fazia o que tinha que fazer – Deus sabe o quê – e voltava rico para Portugal. Quem é que vinha para o Brasil? Vinham alguns nobres, sim, mas, em meio a essa nobreza (uma nobreza elástica, mais elástica que a espanhola, e muito mais elástica que a inglesa), vinham aqueles caras que usavam os recursos do Estado, as relações especiais com o rei, para se aristocratizar – algo que acontece até hoje...

ZECA – Para esses, a felicidade estava em construir alguma coisa aqui?

DaMatta – Tenho a impressão de que essa noção de felicidade estava muito mais permeada da idéia familística e, sobretudo, religiosa da felicidade.

ZECA – Como uma missão?

DaMatta – Era uma missão civilizatória, que era a ideologia, que era a fachada e a moldura, a justificativa consciente. Dentro dela, estava a missão de enriquecimento e de obter prestígio pessoal, mas em nome do rei de Portugal, em nome de uma coisa maior, que, num sentido preciso, englobava os motivos individuais dos atores. Como, aliás, ocorre até hoje. Ninguém diz que quer ser senador para ficar rico, mas fala em nome do povo. E, num certo nível, essas coisas se confundem, e há um nível de sinceridade daquele ponto de vista.

ZECA – A idéia de felicidade moderna, individual, que seria um direito, um privilégio individual, um direito do cidadão de ser feliz, aparece quando no Brasil?

DaMatta – É uma idéia que, no caso brasileiro, começa a se inserir a partir do século 19, quando dois movimentos foram fundamentais: a emancipação dos escravos e a influência da Constituição americana, que foi parte do movimento republicano. No primeiro caso, a questão era complexa: como ter felicidade individual, generalizada, numa sociedade em que há senhores e escravos? Isso foi resolvido na lei, mas não no sistema, nas práticas sociais. No segundo caso, as idéias revolucionárias de liberdade e de igualdade como um valor constitucional já começavam a se misturar com a nossa identidade ideal e ansiosa por modernidade. Um outro momento importante foram os anos 40 e 50 – com a Segunda Guerra Mundial e com a participação da elite militar brasileira nessa guerra. Creio que essa influência se fez ainda mais presente nas crises do autoritarismo brasileiro que se seguiram.

ZECA – Como isso aconteceu?
DaMatta – Primeiro, a influência do cinema foi muito grande. Lembro como meus pais reagiam aos filmes americanos, nos quais se via

> O problema da modernidade é o seguinte: o planeta agüenta? O que está acontecendo hoje? O planeta está dizendo para os seus habitantes, como se um estádio estivesse dizendo para os torcedores:
>
> **"Olha, cara, mais um jogo como esse nós não agüentamos".**

um individualismo fabuloso. Lembro que um amigo da nossa família foi aos Estados Unidos, viajou um mês pelo país, voltou e fez uma espécie de seminário na nossa casa – vovô, vovó, meus tios, todos curiosos... "Como é o leite nos Estados Unidos? A vida? Mas é verdade que as mulheres têm aquela independência?" Depois, as possibilidades de viajar sem ser membro da elite, como foi o meu caso, que recebi uma bolsa de um professor da Universidade de Harvard. Aquilo que era apanágio de uns poucos tornou-se uma experiência corriqueira, e, com isso, como revelam os livros do Veríssimo (o pai, o romancista Érico Veríssimo) sobre o famoso "gato preto em campo de neve", multiplicaram-se as experiências da igualdade e do individualismo como práticas sociais concretas, não como direitos legais abstratos. Foi quando descobriu-se que ficar sozinho e viver sem amigos e, sobretudo, padrinhos, era mesmo possível.

ZECA – Isso dominou todo o século 20, e ainda vivemos um pouco esse conceito, talvez, superficial de felicidade. Mas até quando?
DaMatta – O problema da modernidade é o seguinte: o planeta agüenta? O que está acontecendo hoje? O planeta está dizendo para os seus habitantes, como se um estádio estivesse dizendo para os torcedores: "Olha, cara, mais um jogo como esse nós não agüentamos". Hoje, pela primeira vez na história da humanidade, estamos tendo uma visão que não pertence a nenhuma classe social, a nenhum país, a nenhum projeto político. Todo mundo concorda: o planeta não agüenta essa busca desenfreada de felicidade enquanto uma dimensão básica do consumo. Nossa totalidade física, concreta, empírica, indiscutível, é o planeta Terra, protegido contra uma exploração sem limites e exclusivamente voltada para o consumo material. É como se o planeta estivesse dizendo: "Se isso continuar, vou à falência! Há limites para tudo". Então, essa felicidade baseada no indivíduo, e sobretudo no consumismo individual, em algum momento vai ter que ser... – não digo coibida, porque coibir, reprimir, talvez seja a pior coisa, mas ela vai ser limitada; ou melhor: reorientada.

ZECA – Como devemos discutir então o conceito de felicidade hoje?
DaMatta – As pessoas têm direito de ser felizes. Uma criança pergunta a você: "Mas, papai, é proibido ser feliz?". Não é proibido ser feliz, pelo contrário: a felicidade deve ser estimulada. Agora, é preciso discutir o conceito... Há limites. A felicidade é o quê? São pequenas emoções? Ou são grandes fortunas e um sucesso sem fundo? No meu vocabulário individual, a felicidade é uma bênção e está em várias situações: encontrar as pessoas queridas, tomar uma cerveja, estar com um amigo que não vejo há muito tempo... Enfim, são momentos. Agora, querer perpetuar isso, achando que felicidade é comprar um apartamento de cinco quartos ou viajar para Nova York, é um projeto, mas convenhamos, muito mais complicado. Como diz um dístico num caminhão: "Não se pode comer todas as mulheres do mundo, mas deve-se tentá-lo".

ZECA – Como é possível então chegar lá?
DaMatta – Somos peregrinos em busca de uma resposta, de um centro, de um oásis, de um mapa, de uma mensagem. Recebemos indicações dessas coisas ao nascer, mas a busca que, na realidade, constitui o destino de cada um de nós é intransferível. A busca é inevitável, porque, como sabemos, a vida nos leva impreterivelmente para a frente. Por isso é que é difícil entender a morte, um estado de imobilidade total – que, para muitas religiões e numa certa perspectiva, é a felicidade. São Tomás de Aquino dizia que a morte é a plenitude da existência de um indivíduo. É um momento em que nada pode ser tirado nem colocado, porque ali se fechou uma biografia, o livro se fechou. Então, é um momento de plenitude. Aquela pessoa ganhou a eternidade, como falamos –

de uma maneira muito correta. Enquanto estamos vivos, somos plena virtualidade, potência e, sobretudo, projetos e desejos: podemos fazer isso, fazer aquilo. A felicidade também é poder viver essas angústias, essa luta toda e, num dado momento – entre um uísque e outro, digamos –, dizer: "Pois é; sobrevivi e, por isso, venci. Mostrei que a passagem era possível, mantive minha integridade diante do mais cruel sofrimento. Dei o meu exemplo ao pagar o preço que a vida me cobrou. Não fui abandonado pela esperança, esse valor absolutamente central das coisas humanas". No nosso caso, como é que a felicidade se traduz? O que é a grande felicidade brasileira? Sem dúvida, a casa e a família, nela incluídos os agregados todos... Não é o bem-estar exclusivamente individual, é a família, os filhos, os netos, os amigos, os companheiros, os encontros, as descobertas. Para nós, a felicidade diz muito da capacidade de transferir para a casa o bem-estar, o sucesso e a sorte obtidos na rua. Há essa coisa maravilhosa no Brasil: você descobre um novo amigo, conversa e tal, e depois chega à conclusão fatal de que o cara não é tão brilhante quanto você pensava: "Fulano é bem chatinho, hein, querida?". Isso é bem brasileiro: esse reciprocar, essa troca de obséquios que caracteriza a vida social mais íntima, mais rica, quando você oferece o almoço, oferece o jantar... E há ainda o grande modelo coletivo e utópico, seja materialista ou cristão, que não abandonamos e tem sua importância.. Mas há também a felicidade da qual os americanos sequer suspeitam: a felicidade carnavalesca que desconstrói o mundo burguês numa orgia que contempla e concilia o coletivo e o individual.

ZECA – Mas por que não falar de carnaval?
DaMatta – Porque, no carnaval, o mundo da racionalidade bur-

guesa (devemos poupar dinheiro, sejamos modestos em matéria de consumo e sensualidade, liguemos meios e fins, pensemos no dia de amanhã, sejamos obedientes às normas do bom senso...) é colocado de ponta-cabeça. Nele, até os ideais políticos são relativizados ou postos de quarentena.

ZECA – Mas não é justamente o carnaval que ajuda a construir, especialmente aos olhos estrangeiros, a imagem do brasileiro como um povo feliz?

DaMatta – Sim, esse é um momento coletivo de congraçamento nacional – isso está dito nos meus livros – em que o mundo é colocado de cabeça pra baixo, em que, paradoxalmente, se planeja o caos. Temos no Brasil a experiência singular de um caos planejado. É por isso que a gente agüenta hiperinflação, golpe de estado, "mensalão", ver a Constituição ser violada por várias autoridades, o insulto do "relaxe e goze" e tantas outras coisas... Todos os anos, durante uma semana, no carnaval, fazemos exercício coletivo de praticamente desconstruir o sistema de hierarquia do Brasil. O que é um desfile de escola de samba? As autoridades, os ricos, os famosos, os célebres, vão assistir aos anônimos (na sua maioria marginais do mercado de trabalho) fantasiados de deuses. E a representação da divindade não se dá pelo sagrado, pelo interdito e pelo tabu que esconde o corpo (esse nivelador), mas pela nudez que, na sua representação sensual, redime, por assim dizer, as desigualdades sociais pela sua aparição profana, nua e crua! O carnaval reduz as diferenças sociais ao seu mínimo denominador comum: o corpo feio ou bonito que todos – independentemente de posição social – têm. Nossa experiência de felicidade coletiva passa também por essa idéia antiburguesa do carnaval. Esse impulso de dissolver hierarquias bem estabelecidas, quando os nobres aplaudem os pobres fantasiados de deuses, é um momento de felicidade. O desfile da escola de samba é um momento em que os marginais e os invisíveis são aplaudidos. Trazendo o tema mais para o cotidiano, o modelo se repete de certa forma na praia, que é um carnaval cotidiano, rotineiro, com todo mundo nu e o corpo novamente como centro das coisas...

ZECA – Então chegamos a um modelo de felicidade brasileira?
DaMatta – A partir dessa constatação de que a felicidade coletiva é possível, de que a felicidade individual é possível, existem momentos concretos de felicidade e congraçamento em que toda a existência é celebrada – porque a felicidade é uma celebração da vida, uma celebração da virtude, uma celebração do altruísmo, uma celebração da minha personalidade, mas através das minhas relações. É assim, mais ou menos, que se traduz a felicidade de maneira mais ampla – e isso (ainda) existe no Brasil.

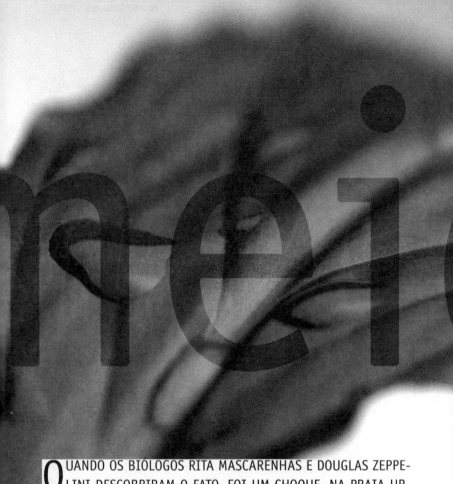

Quando os biólogos Rita Mascarenhas e Douglas Zeppelini descobriram o fato, foi um choque. Na praia urbana de Intermares, em Cabedelo, ao lado de João Pessoa, Paraíba, os ovos de tartaruga enterrados na areia estavam cozinhando antes de os filhotes nascerem. Não foi fácil apontar o aquecimento global como o culpado desse pequeno desastre ambiental. O problema é que, no que diz respeito ao meio ambiente, nenhum desastre é pequeno demais. A jornalista americana Elizabeth Kolbert reuniu suas "notas sobre uma catástrofe"

meio ambiente
Ovos que não deveriam estar cozidos

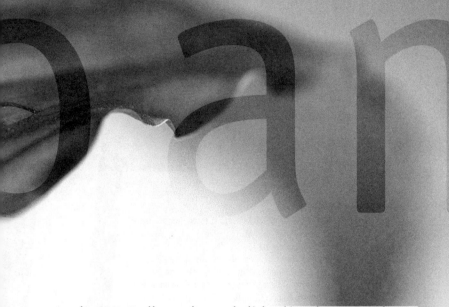

num importante livro sobre os indícios já muito graves de que estamos diante de uma situação talvez irreversível. E uma das maiores autoridades no país sobre o assunto, o físico Luiz Pinguelli Rosa, está no debate promovido por esse episódio da série, defendendo que a mudança de atitude com relação ao nosso uso e desperdício de energia deve partir de atos individuais, mas também institucionais. A discussão sobre um assunto tão contemporâneo aumenta nossa percepção do problema e quer inspirar novas soluções.

ELIZABETH KOLBERT foi repórter do jornal *The New York Times* durante catorze anos, e desde 1999 é colunista da revista *The New Yorker*, para a qual escreveu dezenas de artigos sobre destacados personagens políticos da cidade de Nova York, entre eles a senadora Hilary Clinton e o ex-prefeito Rudolph Giuliani. Esses perfis foram reunidos em um livro, *The prophet of love and other tales of power and deceit*, publicado em 2004. Seu segundo livro, *Field notes from a catastroph* (2006), nascido de uma premiada série escrita para a revista, aborda o controverso e cada vez mais urgente tema do aquecimento global. Atualmente vive com o marido, John Kleiner, e seus três filhos em Williamstown, Massachusetts.

ZECA CAMARGO – O que nos chama a atenção no seu trabalho é o equilíbrio. Geralmente, os livros que falam sobre esses assuntos são extremamente exagerados. Foi essa a sua intenção desde o início? Como você abordou o tema?
Elizabeth Kolbert – Eu queria que as pessoas lessem o livro. Não queria que elas deixassem de ler porque sabiam para onde as coisas estavam indo. Queria que se interessassem genuinamente pelo assunto. E foi o que aconteceu. Queria mostrar o que realmente está acontecendo, porque é algo muito forte.

ZECA – Quanto você estava inteirada do assunto antes de começar a fazer essas reportagens para o livro?
Elizabeth – Não tanto quanto deveria. Era um assunto que estava começando a me preocupar, mas, de fato, eu não sabia da magnitude e da inevitabilidade do problema.

ZECA – Você seguiu uma ordem cronológica no livro? A primeira reportagem foi mesmo no Alasca?
Elizabeth – Sim, de certa maneira o livro segue uma ordem cronológica. A primeira história é sobre uma cidade no Alasca que está quase desaparecendo devido ao aquecimento global e à erosão. Foi essa história que me fez escrever o livro. Ao me deparar com aquilo, resolvi contar. E então a história foi ficando cada vez maior, porque tudo o que se refere a esses problemas, todas as grandes mudanças climáticas, acontece no Alasca. Fui ao Alasca, à Groenlândia, à Islândia e voltei para o Alasca, viajando muito para o norte.

ZECA – As pessoas com que você falou, os cientistas, os lugares onde você esteve, apareceram depois?

Elizabeth – De certa forma, sim. As primeiras pessoas com que falei iam me indicando outras pessoas que estavam fazendo algo interessante. Todos com quem falei, todos os que trabalham nessa área, estão muito preocupados, fazendo medições aqui e ali, cientes do que está acontecendo. Eles disseram que, ao longo dos anos, o estrago está ficando muito grande. Há coisas que fogem ao ciclo climático normal da Terra e que não podem ser explicadas a não ser pelo aquecimento global. Não há outra explicação.

ZECA – Tive a sensação, pelos seus relatos, de que os cientistas com quem você conversou pareciam desapontados: eles descobriam coisas, juntavam informações, mas parecia que ninguém queria ouvi-los. É como se estivessem impotentes: tinham grandes notícias para anunciar e ninguém lhes dava ouvidos. Você sentiu isso, também?
Elizabeth – Sim, você tocou num ponto interessante. É como se fosse um desespero silencioso. E acho que uma das razões para eles terem sido tão generosos comigo foi o desejo de que a mensagem chegasse a outras pessoas: o alerta de que o aquecimento global é, realmente, uma grande preocupação, e de que estamos caminhando rapidamente para uma catástrofe.

ZECA – Por que esses cientistas se sentem tão impotentes? Você acha que as pessoas não recebem bem essas notícias, em especial a de que o pior está por vir?
Elizabeth – Eu acho que a percepção das pessoas está mudando. Veja a situação nos Estados Unidos: verões muito quentes e uma temporada terrível de furacões no ano passado. Então, acho que as pessoas estão começando a acordar. Não se vêem mais pessoas dizendo que não acreditam; elas apenas ainda não estão cientes

da magnitude do problema. Com este livro, quero que essas pessoas adquiram mais conhecimentos e comecem a se perguntar: podemos parar esse processo?

ZECA – Será que podemos? O que você descreve não é nada otimista...

Elizabeth – As pessoas não pararam de interferir; apenas estão se perguntando se podem evitar uma catástrofe. Os cientistas mais responsáveis diriam: "A zona de perigo já está aqui, e, se tivermos sorte, poderemos evitar a catástrofe. Mas, se não tivermos sorte...". Não é algo que possa ser contido, mas pode ser controlado ou freado. Podemos modificar o processo, mas não temos como revertê-lo.

ZECA – Olhando para a história do clima da Terra, podemos ver muitas mudanças. Mas, agora, a diferença é a interferência do homem...

Elizabeth – Já tivemos grandes acontecimentos catastróficos, mas o aquecimento global é o problema crucial da nossa espécie. Nós nos tornamos a força incontrolável e dominante que pode levar a um cenário parecido com o da era do gelo. Tudo é muito dramático, porque alteramos o planeta numa escala geológica.

ZECA – Você parece indicar duas abordagens para contornar a situação. Uma delas, num nível mais elevado, é a dos políticos, que você menciona no livro. Mas as pessoas comuns também precisam fazer a sua parte. Como?

Elizabeth – Escrevi o livro para sensibilizar todo o tipo de pessoas. Tenho um filho de 11 anos, e pensei nele também. O que está acontecendo é um problema de grande magnitude, e somos parte disso. Todos nós. Não se trata de algo que se resolva somente com o uso da energia solar. Acredito em energia solar. Tenho painéis de energia solar aqui em casa. Mas estou falando de algo maior e mais intenso. Somente isso não vai resolver o problema: a solução tem que envolver o modo como as pessoas vão produzir e usar a energia – e acho que isso está acontecendo no Brasil. Vocês estão bem mais adiantados do que nós em muitas coisas nessa área. Somos os maiores produtores de gases poluentes. Ou encontramos uma solução, ou levaremos o planeta conosco!

> Os políticos sabem exatamente o que está acontecendo o que deve ser feito, mas alguns agem covardemente e outros vivem na negação. **Ou não acreditam na gravidade do problema...**

ZECA – Para que isso aconteça, vocês terão que mudar ou sensibilizar os políticos...
Elizabeth – Os políticos sabem exatamente o que está acontecendo e o que deve ser feito, mas alguns agem covardemente e outros vivem na negação. Ou não acreditam na gravidade do problema, ou seus interesses estão ligados aos de pessoas que os apoiaram em suas campanhas.

ZECA – Sempre há interesses... Mas o que poderia mudar essa atitude dos políticos?

Elizabeth – Essa é uma pergunta interessante. As pessoas dizem que os americanos têm que tomar uma decisão. Só que precisamos de liderança para tal, e não temos essa liderança agora. Estamos em campanha eleitoral, e espero que o próximo governo leve esse problema a sério.

ZECA – No livro, você apresenta uma abordagem de alguns cientistas que poderia ser útil para convencer as pessoas do que está acontecendo: mostrar que a Terra é um organismo vivo, e não algo místico ou esotérico. Os desastres ambientais, segundo o que os cientistas estão dizendo, seriam uma espécie de resposta do próprio planeta. É isso?

Elizabeth – Há teorias de que a Terra se regula. Só que as pessoas acabam fazendo coisas que acarretam danos, como, por exemplo, o simples fato de dirigirem seus carros todos os dias, poluindo a atmosfera. Durante décadas, isso não parecia um problema, mas conseqüências gravíssimas acabaram surgindo.

ZECA – Só que, como você diz na segunda parte do livro, quando fala de um passado em que as civilizações achavam que tudo era causado pelos deuses, hoje as pessoas não podem mais culpar os espíritos, certo?

Elizabeth – Claro que não. Ao longo da história do planeta, temos informações precisas sobre o fundo de lagos, dos oceanos, dos períodos geológicos desde a era do gelo, ocorrida 10 mil anos atrás, e podemos ver que houve momentos em que o planeta passou naturalmente por mudanças. Mesmo em períodos em que já se registravam as mudanças climáticas, civilizações tiveram mudanças – mas mínimas, se comparadas com as que estamos causando hoje. Aí vemos que o impacto é devastador. Antigamente não se tinha muita informação sobre as catástrofes climáticas localizadas, que destruíam uma cultura aqui e outra ali. Não havia memória. Mas hoje as pessoas começam a ter mais informações e a temer mais essas mudanças climáticas. Veja a seca que se abateu recentemente sobre a Amazônia! Quando a chuva pára de cair em lugares onde sempre houve enchentes – ou vice-versa –, aí, sim, as pessoas começam a se dar conta de que o cenário é assustador.

ZECA – Com eu disse no começo da entrevista, o livro é muito bom porque é equilibrado. Que resposta você obteve?
Elizabeth – Várias pessoas me disseram que o livro as fez ver o mundo de forma diferente, e esse, definitivamente, era o meu objetivo, porque eu não aceitava o fato de estarmos aqui, 6 bilhões e meio de pessoas neste planeta, como se fôssemos sonâmbulos. Eu queria mostrar que fomos advertidos a não ignorar essa mensagem. Muitos de nós, adultos, não estaremos mais aqui para presenciar os acontecimentos, mas estamos passando um recado para as nossas crianças, para as futuras gerações: "Olhe, temos toda a informação de que precisamos. Ignorar ou não é uma escolha sua. Está tudo aqui, na mesa!".

ZECA – Talvez nossa geração não veja nada acontecer, mas nossos filhos ou nossos netos podem sofrer as conseqüências. Alguém que você entrevistou lhe disse quando isso pode acontecer?
Elizabeth – Tudo sugere que será logo. Posso lhe dar um exemplo. Enquanto escrevia o livro, entrei em contato com pesquisado-

Muitos de nós, adultos, não estaremos mais aqui para presenciar os acontecimentos, mas estamos passando um recado para as nossas crianças, para as futuras gerações: "Olhe, temos toda a informação de que precisamos. Ignorar ou não é uma escolha sua. Está tudo aqui, na mesa!".

res que trabalham com as calotas polares, e eles constataram que elas não estão se refazendo no inverno. Elas diminuíam no verão, mas aumentavam nos meses de inverno. No ano passado, no hemisfério norte, a calota polar descongelou tanto no verão que as pessoas estão dizendo que ela irá desaparecer lá pelo meio do século. Fizeram a medição no inverno de 2006, e os níveis estavam baixíssimos! As coisas estão acontecendo rápido, e isso afetará os oceanos, com certeza.

ZECA – Para finalizar, sua opinião pessoal: você está pessimista sobre isso?
Elizabeth – Sim, estou. É uma corrida contra o tempo. Temos que mudar o tipo de energia que consumimos, e isso não é algo se faça da noite para o dia. Não podemos acordar daqui a cinqüenta anos e dizer que queremos um novo tipo de energia. Para evitar a catástrofe, temos que começar agora. A única coisa que me deixa otimista é que hoje há pessoas pensando no problema. Pela primeira vez.

ZECA – Como você mesma disse, a procura de outros combustíveis, como o etanol no Brasil, são indícios positivos...
Elizabeth – Sim, essa é uma direção positiva, mas acho que está tudo indo muito devagar. Não podemos ir a passos lentos.

ZECA – No livro, você fala superficialmente sobre a China, que pode se tornar um pesadelo se não abordar esse problema desde já. A China é mesmo uma grande ameaça?
Elizabeth – Os Estados Unidos têm que mostrar liderança nessas decisões, e não ficar esperando que os chineses encontrem outras formas de energia ou se sufoquem com a própria fumaça. Não

podemos simplesmente deitar em nosso leito de morte e esperar que os chineses comecem a fazer algo primeiro. Não podemos cobrar isso deles. Nós, americanos, somos os maiores poluidores do ar, e continuaremos sendo nos próximos vinte anos, mesmo que a China cresça e cresça. Acho que qualquer pessoa razoável, que se preocupa com esse problema, dirá, assim como eu digo, que temos a responsabilidade de iniciar o processo, e não podemos simplesmente esperar para ver se os chineses nos seguem. Caso contrário, quais são nossas outras opções?

■

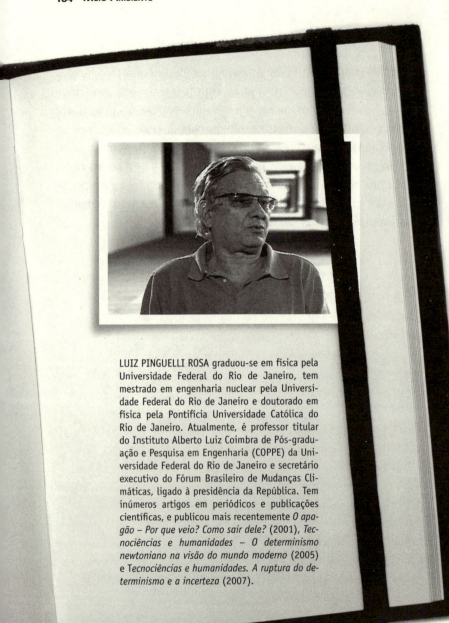

LUIZ PINGUELLI ROSA graduou-se em física pela Universidade Federal do Rio de Janeiro, tem mestrado em engenharia nuclear pela Universidade Federal do Rio de Janeiro e doutorado em física pela Pontifícia Universidade Católica do Rio de Janeiro. Atualmente, é professor titular do Instituto Alberto Luiz Coimbra de Pós-graduação e Pesquisa em Engenharia (COPPE) da Universidade Federal do Rio de Janeiro e secretário executivo do Fórum Brasileiro de Mudanças Climáticas, ligado à presidência da República. Tem inúmeros artigos em periódicos e publicações científicas, e publicou mais recentemente *O apagão – Por que veio? Como sair dele?* (2001), *Tecnociências e humanidades – O determinismo newtoniano na visão do mundo moderno* (2005) e T*ecnociências e humanidades. A ruptura do determinismo e a incerteza* (2007).

ZECA CAMARGO – O meio ambiente está tão em evidência que parece que deixou de ser aquele tópico desagradável, que as pessoas comentavam apenas por obrigação. Isso significa que o público aceita melhor falar sobre meio ambiente?
Luiz Pinguelli Rosa – Não só sobre o meio ambiente em geral, mas em particular sobre o problema do efeito estufa, o aquecimento do planeta devido ao elevado consumo de energia, especialmente nos países mais desenvolvidos. O tema hoje se politizou, e não apenas no discurso de políticos como presidentes da República ou ministros. O público em geral já começa a prestar atenção no assunto.

ZECA – No Brasil também?
Pinguelli – Do ponto de vista da comunicação, somos realmente globalizados. Até porque temos aqui um grande problema ambiental, que também já está em boa parte conscientizado, que é o da Amazônia. Nossa contribuição para o efeito estufa é o desmatamento da Amazônia.

ZECA – Talvez as pessoas achassem que nossa reserva natural era tão grande que seria indestrutível...
Pinguelli – Somos perdulários. Uma parcela da população brasileira gasta energia demais, enquanto outros não têm energia nenhuma, e 12 milhões não possuem energia elétrica. Essa é uma diferença entre países ricos e países pobres. É um grande problema, aliás, porque a Convenção do Clima não diferencia isso, já que cada país é uma unidade na negociação, ou seja, as classes de maior renda no Brasil não têm obrigação de reduzir emissões, porque, como um todo, o país consome pouco.

ZECA – Não é levado em conta o consumo de cada país?
Pinguelli – Não é levada em conta a diferenciação interna. Os países em desenvolvimento não têm obrigação de reduzir suas emissões pela Convenção do Clima porque grande parte de suas populações tem baixo consumo, mas as camadas de renda maior consomem muito. Esse é o grande erro, ao meu ver: acreditar que é possível uma sociedade ter um padrão de consumo como o atual e solucionar um problema como o do efeito estufa. Isso é impossível. Vamos precisar de soluções que modifiquem o padrão de consumo, principalmente dos países mais ricos e da camada mais rica dos países pobres.

ZECA – Será que o indivíduo começa a perceber que o problema não pode ser resolvido pelos governos, e que ele mesmo tem uma contribuição a dar?
Pinguelli – Ele tem uma contribuição a dar quando se fala em padrão de consumo, mas não vamos imaginar que, sem as medidas políticas necessárias, poderemos ter, por longo tempo, uma mobilização social suficiente para resolver o problema. Cada um de nós, individualmente, deve pensar nisso, porque somos perdulários. O consumo final é de cada um, mas é preciso pensar que há uma verdadeira socialização do problema: se houver elevação do nível do mar, se houver catástrofes atmosféricas, elas vão atingir pobres e ricos, embora os pobres sempre sofram mais, porque têm menos condições de defesa. Mas todo mundo será atingido.

ZECA – Tem-se a impressão de que as pessoas no poder sempre souberam do problema, mas só agora estão admitindo que ele existe...

Pinguelli – Veja o discurso do presidente americano. Até pouco tempo ele ignorava o assunto. No ano passado mesmo, mal falou disso.

ZECA – A posição do Brasil foi diferente?
Pinguelli – No nível internacional, o Brasil teve uma posição muito importante. Em Quioto, em 1997, a proposta brasileira incluía um modelo de cálculo da contribuição de diferentes países em graus centígrados para o aumento da temperatura. E foi um modelo elaborado aqui, no qual meu grupo de pesquisa na COPPE trabalhou em paralelo. Foi fantástico, porque provocou uma discussão sem precedentes: um país em desenvolvimento colocar o problema nesse nível.

ZECA – Essa relevância internacional corresponde ao espaço que o assunto ganha na discussão nacional?
Pinguelli – Acho que, internacionalmente, o Brasil teve um papel muito importante. Mas, nacionalmente, eu não diria tanto. É preciso reconhecer que, embora não exatamente por causa do efeito estufa, houve uma redução do desmatamento da Amazônia nos dois últimos anos. Isso foi bom, e é a maior contribuição brasileira. No campo energético, com o lançamento dos carros *flex*, retomamos a produção do álcool, que estava em declínio... Enfim, há coisas positivas. Mas tenho a convicção de que não só no Brasil, mas no mundo, há um problema de padrão de consumo. A questão ambiental, quando surgiu com força no mundo, nas décadas de 60 e 70 principalmente, trazia uma crítica à sociedade do desperdício, à sociedade do consumo. Hoje essas expressões sumiram. Hoje, quando se aborda o problema ambiental, não há mais isso. As palavras-chaves são "eficiência", "novas

tecnologias". A idéia é que podemos ter um padrão de consumo intacto – o das classes mais altas – e usar tecnologias mais amigáveis, que compensem isso. Isso é um grande erro... Veja a China, que começou a expandir seu consumo energético ao popularizar o uso do automóvel. Se a China vai nesse caminho, não há energia que chegue no mundo. E por que não a Índia? E por que não a África, se conseguir?

ZECA – Ou o próprio Brasil?
Pinguelli – O próprio Brasil! Não há como o mundo manter o padrão de consumo dos países mais ricos. Se a atmosfera é socializada, se tudo que é emitido vai para lá, o efeito estufa é socializado, atinge o mundo todo. É preciso voltar a discutir o padrão de consumo, ou seja, voltar ao discurso ambientalista radical. Porém, o meio ambiente tornou-se um negócio lucrativo.

ZECA – Como assim?
Pinguelli – Antigamente, o jovem que se dedicava ao problema ambiental corria da polícia. E isso eu vi aqui, já que participei de manifestações contra as usinas nucleares, por exemplo. Lá em Angra, corríamos para alguma igreja quando a polícia chegava. E, na época do regime militar, não se podia falar mal do reator nuclear. Hoje, o jovem que se dedica ao meio ambiente ganha uma bolsa de estudos, vai para uma conferência nos Estados Unidos, na Europa...

ZECA – Mas essa mudança não é positiva?
Pinguelli – Você tem razão. É positiva porque o assunto está sendo incorporado, mas é negativa quando se percebe que o meio ambiente se tornou um negócio. Antes era uma contestação. An-

> Não há como o mundo manter o padrão de consumo dos países mais ricos. Se a atmosfera é socializada, se tudo que é emitido vai para lá, o efeito estufa é socializado, atinge o mundo todo. **É preciso voltar a discutir o padrão de consumo.**

tes, dizíamos: não é possível continuar nesses termos. Hoje se diz: vamos continuar nesses termos e dar um jeitinho. Qual é o jeitinho? Bom, vamos consumir um pouco menos de gasolina no carro, vamos ter um carro mais eficiente, mas vamos ter um carro! E a grande discussão do passado continua valendo: é possível cada família ter um carro? O mundo suporta isso? Essa é uma questão ética e política. Não é um problema de melhoria de eficiência, de se ter um motor mais eficiente. É bom que se tenha, mas há um limite do possível. Nenhuma eficiência técnica vai resolver se cada cidadão do mundo, da China, do Brasil – e não só dos Estados Unidos, da Europa e do Japão –, tiver um automóvel à sua disposição para fazer o que quiser. Talvez seja necessário outro tipo de uso do automóvel.

ZECA – Essa discussão está no nível prático?
Pinguelli – Não. Vivemos numa época de muito liberalismo, que

alguns rotulam de neoliberalismo, um nome que serve para tudo, como globalização. Mas o que serve para tudo não serve para nada, porque não designa mais nada... O fato é que esta sociedade estimula muito o individualismo – e também o uso de uma tecnologia mais aperfeiçoada. Antes, havia na casa uma televisão ineficiente, em torno da qual a família se reunia. Agora, temos uma televisão eficiente, que gasta menos energia para produzir a imagem, mas cada família tem três aparelhos de televisão: um na sala, um no quarto, outro no outro quarto... Portanto, estamos consumindo mais. A mesma coisa ocorre com o automóvel. Temos um motor um pouquinho mais eficiente, mas, em vez de ter um automóvel de 1 tonelada, um desses automóveis médios brasileiros, você compra um carrão de 2,5 toneladas, para uso urbano, com carroceria, que nunca é usada. É pesado, custa dinheiro e consome muita energia! E a Terra vai pagar mais caro por isso... Aliás, o próprio dono do carro vai pagar caro, porque vai deixar para os netos um mundo difícil.

ZECA – O que é preciso para mudar isso?
Pinguelli – O comportamento não depende só da decisão de cada um de nós ao comprar algo. Depende também de organização política. As pessoas precisam cobrar isso de seus governantes, das empresas, exigir regulamentações mais severas. Isso acontece, por exemplo, em cidades como Londres, que penaliza o uso de automóveis no centro da cidade. Muitas outras cidades dificultaram o acesso ao centro. Isso pode acontecer! Ninguém em perfeito juízo pega o automóvel em Paris para ir daqui até ali, a não ser em caso de extrema necessidade. Usa-se o metrô, um meio de transporte muito mais rápido. Não é assim no Brasil! Por quê? Em geral, nos países em desenvolvimento os sistemas de

serviços públicos são muito ruins, porque são destinados à massa da população, que é vista como outra classe social, a dos pobres. E a classe média fica engarrafada dentro dos carros, correndo o risco de ser assaltada. Quer dizer: é um mundo sem lógica.

ZECA – Parece simples pensar em soluções práticas... Mas, quando se fala de meio ambiente no sentido macro, os problemas parecem fora do nosso alcance...
Pinguelli – Mas até isso está mudando. Recentemente, o relatório do Painel Intergovernamental sobre Mudanças Climáticas, realizado em Paris, mostrou o degelo do pólo norte, alguns dos grandes temporais e outros eventos vividos pelo homem na natureza. Acho que o público já começa a se conscientizar do problema, não só pelo impacto econômico que ele causa, mas também pela segurança coletiva. Por isso, acho importante retomar a idéia de solidariedade, que a partir da década de 90 foi jogada na lata do lixo, associada ao comunismo soviético. Refiro-me a um socialismo de solidariedade. O mundo tem que ser solidário, porque o problema do efeito estufa une todo mundo no mesmo barco. Ninguém está livre de ser atingido por desastres como o provocado pelo furacão Katrina. E ninguém sabe quando vai acontecer o próximo. Então, teremos fenômenos que vão prejudicar seres humanos em diferentes pontos do planeta. É aí que entra a solidariedade: não há como alguém se safar sozinho. É claro que os mais ricos podem ter melhores soluções, mas é impossível construir uma grande Arca de Noé dos ricos, onde eles se refugiariam e flutuariam...

ZECA – Se tomássemos todas as atitudes necessárias a partir de hoje, poderíamos reverter alguma coisa, ou teríamos que conviver para sempre com a situação como ela se apresenta agora?

Pinguelli – A natureza é irreversível. O grau de mudança que ela sofre é que é o problema. Um exemplo é o dióxido de carbono, que é produzido na queima dos combustíveis fósseis e vai para a atmosfera. Esse gás, uma vez lançado, permanece na atmosfera por muito tempo, em média 120 anos. Então, a quantidade que já foi lançada vai ficar lá muito tempo...

ZECA – Mas fala-se muito em estabilização...
Pinguelli – Há uma grande dificuldade de estabilizar. A primeira hipótese é crescer menos, depois tentar estabilizar e depois tentar diminuir a emissão de gás carbônico. Isso tudo é possível num mundo onde o padrão de consumo só se expande? Onde a China almeja ter um padrão norte-americano de uso de grandes automóveis? Onde outros países almejam ter um padrão de consumo de automóveis pelo menos igual ao europeu? Isso é razoável? Ao mesmo tempo, podemos perguntar: por que negar essas conquistas a esses países? Se a China tem condições econômicas de atingir esse padrão, como demonstra ter, como negar esse direito ao povo chinês, se os norte-americanos têm um consumo fantasticamente maior que o deles? Há uma questão ética e uma questão filosófica. Não é apenas um problema ambiental, no sentido do estudo da natureza. E nem econômico e industrial, no sentido de produzir coisas menos poluentes. Tudo pode ser diferente. Essa não é a única maneira de viver no mundo. Não se pode mais ter mais uma atitude do tipo: "Eu, da classe média brasileira, de maior nível de renda, vou manter inalterado meu padrão de consumo, e o resto vai se resolver de alguma forma". Isso é impossível! Vai ser necessário mudar esse padrão de consumo!

ZECA – Falando especificamente do Brasil, como podemos resolver esse problema?
Pinguelli – A prioridade número 1 no Brasil é o desmatamento. Temos de cuidar disso, porque o desmatamento também prejudica o desenvolvimento. É uma predação da natureza, às vezes ilegal – um problema para as forças armadas, a polícia federal e as polícias estaduais. Em segundo lugar, o padrão de consumo tem que ser discutido no Brasil. Precisamos implantar medidas de desestímulo ao uso de automóveis grandes demais, melhoria do transporte público, estendida a todas as camadas da população... O Fórum Brasileiro de Mudanças Climáticas entregou ao governo uma proposta de plano de ação com sugestões como essas. Também podem ser tomadas medidas individuais – cada um deve pensar e refletir sobre sua responsabilidade –, mas são o governo e as grandes empresas que podem ter o papel mais importante.

ZECA – Concluindo, existe razão para ficarmos muito preocupados?
Pinguelli – Há razão para preocupação, mas jamais para o pânico. Mesmo em situações gravíssimas, o pânico é o pior que pode acontecer. Temos que ser racionais e ao mesmo tempo emocionais. Emocionais para pensar nas futuras gerações, nos nossos netos, que poderão sofrer, e nos mais pobres, que têm menos recursos para se defender. E racionais para buscar soluções, pressionar o governo para tomar as medidas necessárias. Precisamos superar essa esquizofrenia política e social e nos reintegrarmos numa sociedade mais solidária, sabendo que o efeito estufa só terá uma solução se pensarmos racionalmente, para saber como enfrentá-lo, e emotivamente, para resgatar uma solidariedade humana que foi jogada fora dos anos 90 para cá.

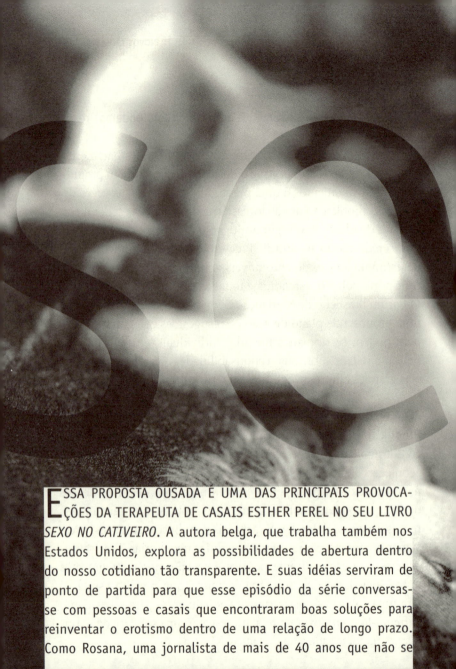

ESSA PROPOSTA OUSADA É UMA DAS PRINCIPAIS PROVOCAÇÕES DA TERAPEUTA DE CASAIS ESTHER PEREL NO SEU LIVRO *SEXO NO CATIVEIRO*. A autora belga, que trabalha também nos Estados Unidos, explora as possibilidades de abertura dentro do nosso cotidiano tão transparente. E suas idéias serviram de ponto de partida para que esse episódio da série conversasse com pessoas e casais que encontraram boas soluções para reinventar o erotismo dentro de uma relação de longo prazo. Como Rosana, uma jornalista de mais de 40 anos que não se

sexo
É possível negociar a monogamia?

cansa de propor jogos e fantasias para seu companheiro. Para ela, depois de algum tempo de casamento e do nascimento dos filhos, "a fêmea em geral se perde nesse processo". Já o casal de bailarinos Agnaldo e Melissa usou a própria experiência corporal para reacender a paixão dentro da relação. O psicanalista Joel Birman participou do debate, discutindo o universo erótico contemporâneo e contribuindo para que surgissem novas propostas sobre um assunto que, mesmo com tanta abertura, continua a ser discutido à meia-voz: o sexo.

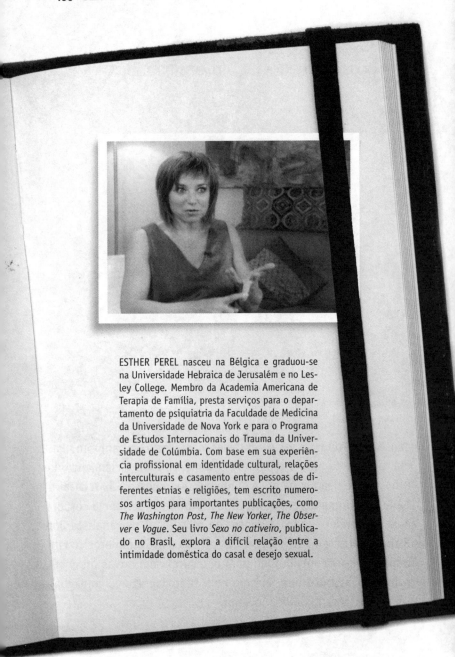

ESTHER PEREL nasceu na Bélgica e graduou-se na Universidade Hebraica de Jerusalém e no Lesley College. Membro da Academia Americana de Terapia de Família, presta serviços para o departamento de psiquiatria da Faculdade de Medicina da Universidade de Nova York e para o Programa de Estudos Internacionais do Trauma da Universidade de Colúmbia. Com base em sua experiência profissional em identidade cultural, relações interculturais e casamento entre pessoas de diferentes etnias e religiões, tem escrito numerosos artigos para importantes publicações, como *The Washington Post*, *The New Yorker*, *The Observer* e *Vogue*. Seu livro *Sexo no cativeiro*, publicado no Brasil, explora a difícil relação entre a intimidade doméstica do casal e desejo sexual.

ZECA CAMARGO – Seu livro trata de um assunto que as pessoas têm em mente o tempo todo, mas sobre o qual raramente conversam: o erotismo no casamento.
Esther Perel – Definitivamente, meu desejo foi escrever um livro para pessoas que não estivessem satisfeitas com as respostas que existem por aí, no mercado. Queria mostrar que, do modo como vemos os casais de hoje, existe um dilema: o de se continuar desejando uma pessoa com o passar do tempo. Esse é um assunto que todos compartilhamos: o sexo e a relação entre amor e desejo. Como eles se relacionam e como são conflitantes.

ZECA – Por que as pessoas têm tanto medo, ou talvez tanta dificuldade, de falar sobre isso?
Esther – Acho que sexo é um dos assuntos sobre o qual as pessoas mais mentem. Talvez isso tenha a ver com abuso, ou repressão familiar e cultural, ou vergonha e culpa. Alguns não falam porque suas fantasias e desejos são politicamente incorretos, mas sabemos que o prazer sexual nem sempre segue as boas regras de cidadania. Ele não se encaixa na imagem que fazemos de nós. O que nos excita pode ser completamente diferente do que é considerado moral e aceitável para um bom cidadão. O que acontece é que o desejo não tem as mesmas regras para todos, algo que nem sempre é fácil aceitar, embora todos saibam disso.

ZECA – Por que isso? Por vergonha?
Esther – Porque a mente erótica não é dócil nem bem-comportada. Porque o erotismo às vezes quer ir contra as ordens preestabelecidas, quer experimentar poderes diferentes, quer brincar de transpor as fronteiras do que é aceitável, quer transgredir, violar proibições.

ZECA – No seu livro, você diz que a idéia de fantasia vai contra a instituição do matrimônio...
Esther – Historicamente, se um homem dissesse que queria sentir desejo e paixão pela esposa, isso seria, em termos, uma contradição. O casamento visava o companheirismo, suporte econômico, vida familiar, respeito mútuo. A paixão teria que ser experimentada em outro lugar, com outra pessoa. Isso mudou com o romantismo, no final do século 19. Ao se mudarem da zona rural para as grandes cidades, as pessoas passaram a ser vistas de uma maneira mais individualizada, ganharam mais liberdade e passaram a esperar mais de uma relação íntima com o sexo oposto. Passaram a esperar que o companheiro ou companheira lhes desse aquilo que toda a comunidade do vilarejo lhes dava no passado: que se tornasse seu sócio financeiro, pai ou mãe de seus filhos, melhor amigo ou amiga, confidente, amante – tudo num só pacote. E, quando isso não acontece, elas não costumam questionar o modelo, não pensam que estavam esperando demais de uma só pessoa: só dizem que escolheram a pessoa errada.

ZECA – Por que a idéia romântica não deu certo?
Esther – Nesse ideal romântico, você escolhe uma pessoa especial para amar. Eu escolho você, e mais ninguém, entre todas as outras, para ser minha expressão de amor. Nos últimos cinqüenta anos, cresceu a expectativa quanto à satisfação sexual – uma combinação entre amor e desejo de sexo, tudo no mesmo lugar. Não é tão difícil estabelecer uma relação amorosa; o que a torna difícil é o fato de nossa necessidade de segurança, de família, de vivenciar certas experiências no relacionamento amoroso, ser diferente, embora igualmente intensa, de nossa necessidade de novidade, de mistério e de risco. E essas necessidades freqüente-

mente nos puxam em direções diferentes. O romantismo diz que, quanto mais eu amar, mais eu irei desejar; que um bom nível de intimidade leva a um sexo melhor. Meu livro começou porque sempre encontrei casais que se amavam muito e cuja intimidade maravilhosa não garantia um sexo ardente. Não era a ausência de proximidade que inibia o desejo, mas a proximidade em demasia. Sempre nos disseram que problemas sexuais eram decorrência de dificuldades emocionais, problemas de comunicação. Tínhamos que falar mais sobre o assunto. Comecei a imaginar que era exatamente ao contrário, porque o amor pede aproximação, mas o desejo quer espaço, precisa de distância.

> Não era a ausência de proximidade que inibia o desejo, **mas a proximidade em demasia.**

ZECA – Mas parece que estamos indo exatamente no caminho contrário, uma vez que toda relação hoje em dia é discutida à exaustão...

Esther – Estamos colocando muita ênfase na conversa. Existem outras linguagens para a intimidade. O corpo é uma delas. A conversa passou a ser uma definição de intimidade: conversa íntima. Quero contar tudo para você, quero que você me conte tudo, quero saber tudo sobre você – e depois reclamo que o mistério desapareceu. Acredito que o amor queira isso; ele gosta de saber sobre a outra pessoa. Já o desejo precisa de um certo mistério, de um pouco do desconhecido. O difícil é equilibrar isso... Nos relacionamentos modernos, quanto mais isolados nos tornamos, mais um membro do casal se torna a pessoa com quem o outro quer conversar. Freqüentemente digo aos casais que encontrem outros amigos, outras pessoas com quem possam conversar, porque quem quer paixão, intensidade, precisa cultivar outras amizades.

ZECA – Por que alguns casais, especialmente os homens, pensam que é mais fácil encontrar fantasia fora do casamento?
Esther – Há um grande número de razões, e não são somente os homens que pensam assim. Desde que as mulheres ganharam mais poder, as transgressões sexuais não estão sendo cometidas somente pelos homens. Isso não é mais um privilégio dos homens.

ZECA – Mas por que a fantasia da aventura fora do casamento é tão poderosa?
Esther – Existem algumas razões. Não nos sentimos à vontade tendo um relacionamento sexual no seio familiar. Não associamos o erotismo à família – e isso inclui os filhos. Às vezes, quanto mais eu amo alguém, quanto mais me importo com essa pessoa, quanto mais sei sobre ela, quanto mais me sinto responsável por ela, mais difícil se torna expor o desejo e a luxúria, mostrar o meu lado animal a alguém por quem me sinto tão responsável e que depende tanto de mim. Os riscos são menores se procuro alguém fora do casamento. A regra que diz que, quanto mais seguro eu me sinto, mais eu me arrisco no tocante ao sexo, parece ter o sentido inverso nas relações adultas. Quando me sinto seguro emocionalmente

com alguém, nem sempre terei confiança de me arriscar sexualmente com essa pessoa. Então, há coisas que um homem não faz com a mulher porque ela é mãe dos seus filhos. O homem não quer que ela pareça vulgar, porque ele a respeita, e ele não vai misturar tesão com alguém que respeita tanto. A pessoa passa a não se sentir mais livre em casa. Mesmo assim, meu livro mostra que existem meios de usar a criatividade e ter liberdade em casa – caso contrário, o relacionamento acaba se esgotando.

ZECA – Como se redescobre o parceiro nesse sentido?
Esther – Acho intrigante alguém imaginar que a pessoa que está a seu lado e que lhe é totalmente familiar se tornou o mesmo que um velho sofá e que o mistério acabou. Acho que o mistério é mais uma questão de mudança de percepção do que de troca de parceiro. Muito freqüentemente, quando uma pessoa descobre que o parceiro ou parceira está tendo um caso, percebe que talvez não soubesse tanto sobre o outro quanto imaginava. Nunca conhecemos tão bem a pessoa que está ao nosso lado quanto imaginamos, mas precisamos nos convencer de que a conhecemos para nos sentirmos seguros. Também acho que a paixão anda de mãos dadas com um certo grau de incerteza (aquele pouco que podemos tolerar), mas nem sempre queremos essa incerteza em nossa casa. Todo mundo sabe que existe uma relação entre excitação e insegurança. No inicio de um relacionamento, as pessoas sempre toleram uma certa insegurança, mas depois não. Sexo e erotismo deveriam fazer parte de um jogo dinâmico, no qual um esconde e o outro encontra, onde há a excitação de procurar o que está escondido. Há casais que entendem e cultivam esse jogo. Essa é a diferença entre sexo e erotismo, porque sexo é querer, e o erotismo é o sexo transformado em imaginação.

Acho que a monogamia tem que ser negociada. Para muitos casais, é assunto para uma conversa. Existem casais, entretanto, que renegociam a monogamia mais como um ato de lealdade emocional, e não, necessariamente, para manter o sexo como algo exclusivo.

ZECA – Como você ajuda seus pacientes para que eles voltem a jogar?
Esther – Perguntando a eles: "Por que não em casa?". Ter desejo sexual pelo cônjuge contraria aquilo que era previsto. Esperava-se que o sexo fosse muito bom no começo e ficasse sem graça, caminhando para quase nada. Para que a mudança aconteça de verdade, é necessário um ato de desafio que exige energia. É quase uma transgressão ter sexo ardente em casa.

ZECA – Mas e quando uma pessoa passa a procurar alguém fora do casamento? Como anda a monogamia hoje em dia?
Esther – Acho que a monogamia tem que ser negociada. Para muitos casais, é assunto para uma conversa. Existem casais, entretanto, que renegociam a monogamia mais como um ato de lealdade emocional, e não, necessariamente, para manter o sexo como algo exclusivo. Os casais *gays* estão liderando esse tipo de renegociação, mas esse não é um modelo que esteja sendo explorado por casais heterossexuais. Mas é possível negociar a monogamia. Pode-se negociar de maneiras diferentes durante todo o tempo de um relacionamento. Todo casal tem limites; todo casal negocia confiança, sendo eles monógamos ou não; todo casal vive à sombra da terceira pessoa – aquela que não escolhi quando escolhi você, mas que ainda continua por perto. Todo casal negocia se a terceira pessoa será levada ao conhecimento do companheiro ou companheira; se a terceira pessoa será permitida somente no plano mental (imaginação) ou será, de fato, convidada a participar do relacionamento. A terceira pessoa sempre estará presente: cabe a nós negá-la ou acolhê-la.

ZECA – Qual a melhor maneira?

Esther – Depende de o casal saber conviver viver com isso, mas é claro que nem sempre duas pessoas querem a mesma coisa num relacionamento. Todo casal vive com a possibilidade de uma traição, e isso significa que uma das pessoas pode transgredir o acordo e as regras. É isso que machuca, e não os limites impostos.

ZECA – Você acha que, hoje, a traição não seria a infidelidade sexual, mas a mentira?

Esther – Claro, é a violação da confiança que marca a traição, e não o sexo propriamente dito. Quando você me dá liberdade, ela deixa de ser tão interessante. Esse é o problema. Uma vez que a permissão tenha sido concedida, o erotismo fica sem graça, porque ele tem muito a ver com o fato de quebrar as regras e transgredir.

ZECA – Por que as pessoas não tentam reconquistar seus parceiros em casa?

Esther – Todo mundo quer que o relacionamento seja sempre como foi na primeira noite, porque foi algo mágico, mas, com o passar do tempo, a magia vai embora e é preciso trabalhar para que o sexo volte a ser como nas primeiras vezes. No início há toda uma preparação: a mulher fica pensando no que vai usar, que música vão ouvir, onde irão comer, o que irão conversar, o que ele vai achar dela, etc. Há uma antecipação, toda uma trama criada na mente. Mas as pessoas acabam se esquecendo de toda essa antecipação, de toda essa sedução, de toda essa espera. Deixa-se isso de lado depois do casamento. Muitas pessoas se sentem amadas nos seus relacionamentos, mas não necessariamente desejadas, e elas sabem a diferença. Mas não precisa ser aquele desejo da primeira vez, claro que não! Não acho que a primeira vez seja a melhor. Isso é um mito. Existem muitos casais que acabam percebendo que, com o passar do tempo, o sexo foi ficando melhor porque eles se sentem mais livres, porque estão mais velhos, porque já não ligam para o que os outros pensam, porque podem, finalmente, fazer o que querem, se divertir juntos, ter novas experiências e se renovar. Quando as pessoas reclamam de sua vida sexual, às vezes querem mais, mas sempre querem melhor. Essas pessoas sentem falta não do ato propriamente dito, mas da vivacidade, da conexão, do jogo, da renovação que o sexo proporciona. Essa é a presença do erotismo na vida de um casal.

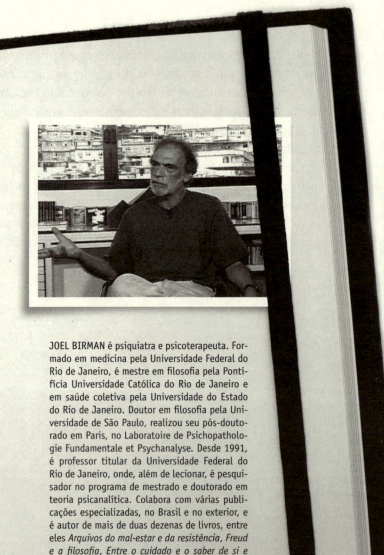

JOEL BIRMAN é psiquiatra e psicoterapeuta. Formado em medicina pela Universidade Federal do Rio de Janeiro, é mestre em filosofia pela Pontifícia Universidade Católica do Rio de Janeiro e em saúde coletiva pela Universidade do Estado do Rio de Janeiro. Doutor em filosofia pela Universidade de São Paulo, realizou seu pós-doutorado em Paris, no Laboratoire de Psichopathologie Fundamentale et Psychanalyse. Desde 1991, é professor titular da Universidade Federal do Rio de Janeiro, onde, além de lecionar, é pesquisador no programa de mestrado e doutorado em teoria psicanalítica. Colabora com várias publicações especializadas, no Brasil e no exterior, e é autor de mais de duas dezenas de livros, entre eles *Arquivos do mal-estar e da resistência*, *Freud e a filosofia*, *Entre o cuidado e o saber de si* e *Mal-estar na atualidade*.

ZECA CAMARGO – A questão do erotismo e da monogamia nas relações de longo prazo é bastante atual?
Joel Birman – Fidelidade é um tema de enorme atualidade. A insatisfação percorre todos os casais e está o tempo todo presente na vida das pessoas. Na minha prática de psicanalista, tenho recebido esse tipo de queixa.

ZECA – Mas acredito que essa não seja uma queixa recente...
Birman – Desde Freud, a história da psicanálise começa com uma queixa a respeito de uma impossibilidade amorosa, de uma insatisfação amorosa. As pessoas vão procurar o psicanalista quando vivem uma experiência de perda: a perda do parceiro, a perda de uma ilusão, de uma experiência que deixou de ser colorida, deixou de ser excitante, deixou de ser charmosa...

ZECA – Mas, fechando na perda do erotismo no casamento, por que ela ocorre?
Birman – Um casamento sempre começa com uma ilusão. O encontro é sempre uma experiência passional, uma experiência da ordem da paixão, e não propriamente uma experiência da ordem do amor, no sentido mais adocicado do termo. O encontro das pessoas é sempre um encontro ilusório, porque é passional, é uma fantasia – uma fantasia universal e recorrente de que o outro vai me completar e vou completar o outro. A ilusão se sustenta nessa busca.

ZECA – Mas a gente administra muito mal essa ilusão ao longo de uma relação, não?
Birman – Administramos mal porque queremos manter a possibilidade de que um complete o outro. A desilusão se dá quan-

do, efetivamente, um ou outro se defronta com essa possibilidade, isto é, a de que eu não vou preenchê-lo, nem ele vai me preencher. Aí é preciso dar outra volta no parafuso para lidar com essa história.

ZECA – Mas se isso sempre existiu, o que é diferente nos conflitos que os casais vivem hoje? Talvez a verbalização dos problemas...
Birman – Claro que hoje se verbaliza mais. A diferença entre a situação atual e o que acontecia no final do século 19, começo do século 20, é que hoje tudo tem que ser verbalizado. O movimento de liberação das mulheres, o fato de o casamento ter deixado de ser uma coisa sacralizada – como era na família burguesa tradicional –, de homens e mulheres terem permissão para mudar de parceiros quando quiserem, tudo isso criou um modelo politicamente correto de que tudo tem que ser discutido. E então as relações se transformam em diálogos intermináveis, numa tentativa de negociação permanente entre o que um quer e o que o outro não quer.

ZECA – Então a diferença de atitude é mesmo essa verbalização?
Birman – No tempo da minha avó, ou mesmo da minha mãe, a mulher aceitava seu estatuto maternal. O sexo era, de certa maneira, submisso ao ideal do casamento, que era eternizado. As mulheres envelheciam cedo, acabavam para a vida amorosa e erótica muito cedo...

ZECA – E os homens?
Birman – Os homens iam satisfazer o desejo de prazer com mulheres fantásticas, jovens, numa rede imensa de bordéis de luxo,

que sempre existiu desde o século 19. O que se passou a partir dos anos 40, 50 e 60, sobretudo a partir da grande virada do movimento feminista, é que esse modelo de casamento quebrou. Passa a existir um primado do prazer sobre um primado do projeto familiar. Acho que isso virou o jogo completamente, de forma que a busca do prazer, a busca da realização sexual, se tornou fundamental.

> No tempo da minha avó, ou mesmo da minha mãe, a mulher aceitava seu estatuto maternal. **O sexo era, de certa maneira, submisso ao ideal do casamento, que era eternizado.**

ZECA – E aí passa-se a conversar mais sobre isso...
Birman – Conversar mais não quer dizer que as pessoas estejam mais satisfeitas. Conversar mais às vezes produz um nível de tensão muito violento, porque as pessoas se sentem colocadas no limite de suas possibilidades de ultrapassar certos impasses. A intimidade de um casal, a intimidade do amor, que supostamente deveria ajudar a ultrapassar certos limiares, faz com que o narcisismo, isto é, a preservação de certas imagens que você tem de si próprio, impeça a pessoa de se abrir inteiramente para o parceiro.

ZECA – Mas o objetivo da conversa não é exatamente ter mais transparência na relação?
Birman – Nem tudo deve ser dito, sobretudo coisas que possam nos envergonhar diante do parceiro. Isso tem a ver com o nosso tema, que é a questão do erotismo, porque o erotismo vai depender da nossa possibilidade de deixar cair as máscaras.

ZECA – Que máscaras são essas?
Birman – São as máscaras da nossa imagem que queremos preservar para o parceiro. Para o erotismo ser passional, para ser de alta voltagem, não podemos ter nenhuma vergonha em relação àquilo que desejamos. Existe uma contraposição entre a cultura da intimidade, do amor do casal, onde se conversa tudo, e o limite de até onde você pode ir sem deixar cair a máscara e mostrar a verdadeira face, isto é, despir-se de todos os simulacros. É aí que se colocam, numa cultura narcisista e individualista como a nossa, os limites da experiência erótica nas relações dos casais. Se existisse uma fórmula para conjugar amor e paixão, seria necessário que as pessoas se despissem inteiramente de suas máscaras, sem precisar representar papéis para o parceiro.

ZECA – Mas quem chega a essa fórmula?
Birman – A dificuldade é exatamente essa!

ZECA – Mas muita gente nem se preocupa em estabelecer uma relação assim desde o início...
Birman – Correto: ou isso se explicita no início de uma história amorosa ou ela não vai se cristalizar, não vai se estabelecer nunca, muito pelo contrário. Acho que o tempo causa esvaziamento. Cristaliza certas posturas, certas idealizações que um vende para o

outro. Impede efetivamente a construção da sinceridade. As verdadeiras relações passionais, amorosas, para valer, são aquelas em que, desde o início, esse jogo de idealizações não se estabelece.

ZECA – Como é possível estabelecer isso logo de cara?
Birman – Bem no começo de uma relação, quando você está vivendo sob o clima passional da ilusão, quando você acredita que pode preencher o outro e vice-versa, no momento em que não existe segurança, com todos os malefícios que ela traz na relação entre um homem e uma mulher. Esse momento, quando os dois aceleram a marcha, é crucial para cada um poder se colocar inteiramente.

ZECA – Se isso não acontece...
Birman – Se um jogo de representações de papéis se estabelece em nome do narcisismo, em nome de uma sedução, você vai ter que assumir uma certa "mentira" a respeito do que você é. Isso vai se cristalizar na relação e, num determinado momento, vai emperrar o fluxo erótico.

ZECA – Como é possível sair disso?
Birman – As possíveis saídas são: primeiro, você precisa reconhecer que está num impasse, porque normalmente as pessoas empurram com a barriga e, em nome da manutenção da segurança matrimonial, criam histórias paralelas. Depois, é preciso ter coragem para viver a crise.

ZECA – A crise então é necessária?
Birman – A crise não é apenas destruidora. Ela destrói um modelo de relação, mas é criativa. A crise é renovadora, porque permite

> Vivemos um período de empobrecimento da fantasia, que em outras épocas históricas era muito mais rica. **Hoje, as pessoas precisam colocar uma fantasia de maneira material e concreta.**

relançar uma história, relançar uma vida. As mentiras dos papéis desempenhados têm que ser colocadas na mesa para que um possa se mostrar para o outro com um pouco mais de veracidade.

ZECA – E aí, talvez, resgatar o erotismo?
Birman – Acho que o erotismo é uma afirmação contra a angústia de morte e destruição. Só temos erotismo exatamente porque somos desamparados por natureza. Quando nos apaixonamos, queremos acreditar que o outro nos preenche e preenchemos o outro para administrar nosso desamparo. O erotismo é uma afirmação contra uma angústia de morte, que a gente carrega permanentemente e que sinaliza esse desamparo. Depois de um período de grande destruição que a crise provoca, o erotismo é possível, exatamente porque é uma tentativa de reparar todo o processo. O erotismo é o remédio – o melhor remédio – que as pessoas têm diante de uma experiência de muita dor.

ZECA – Fico pensando se falar da elaboração do erotismo do casal, num mundo onde o erótico está sempre tão exposto, não chega a ser quase uma ingenuidade...

Birman – Vivemos um período de empobrecimento da fantasia, que em outras épocas históricas era muito mais rica. Hoje, as pessoas precisam colocar uma fantasia de maneira material e concreta, como naquela suruba pós-moderna do filme do Stanley Kubric, *De olhos bem abertos*.

ZECA – É fácil culpar a internet nessa história...

Birman – A cultura dos amores, seja pela internet, seja pela *sex shop*, onde as pessoas vão vestir fantasias, vão revestir seu ego com determinadas fantasias – uma certa calcinha, determinadas meias com ligas –, é um sinal de que as pessoas não conseguem sustentar a fantasia com seu próprio imaginário. Vivemos hoje o empobrecimento desse imaginário erótico, que muitas vezes se reduz a uma espécie de "gozei e fui embora". Está deixando de existir o envolvimento, que implica um belo jogo de fantasia, do dançar, do jogo de corpo, do seguir a moça na rua...

ZECA – Do olhar...

Birman – Do olhar. Então, há um empobrecimento do jogo erótico nessa cultura imediatista do prazer que vivemos hoje.

ZECA – E isso acontece com os dois sexos?

Birman – Isso se dá tanto com os homens quanto com as mulheres. E se esse foi originalmente um traço masculino, na democracia dos gêneros que vivemos hoje as mulheres incorporaram esse traço dos homens, de forma que o parceiro pode se transformar num objeto sexual, no sentido desse gozo imediato, e isso também leva a um empobrecimento do imaginário erótico. E, com esse empobrecimento, o que acontece? Vou brincar de imaginário erótico através da internet, onde posso arranjar cem namoradas e inventar que sou cem personagens. Posso ser um consumidor de *sex shops* exatamente por isso, porque aí vou vestir e realizar a fantasia do outro.

ZECA – Mesmo as relações mais abertas a fantasias de repente encontram um limite. Como a monogamia, por exemplo. Será que a monogamia pode ser negociada?

Birman – Acho que sim. Essa fórmula está se tornando cada vez mais comum, pelo menos no mundo das classes médias altas urbanas, onde o nível de liberdade sexual e amorosa é mais alto. Um casal tem uma longa história de vida em comum, mas, em função de uma série de questões que discutimos aqui, há um esvaziamento erótico. Isso cria uma espécie de relação aberta, onde cada um pode ter sua vida erótica, mas eles continuam mantendo aquele acasalamento. Até algum tempo atrás, essa questão era articulada com uma certa dose de hipocrisia, nós a censuraríamos com um discurso moralista. Mas isso está se tornando um dos desdobramentos da crise da conjugalidade contemporânea. E mais: se no passado era o homem que tinha mais possibilidades de tomar essa iniciativa, hoje os dois, marido e mulher, podem negociar esse consentimento. Nenhum dos dois vai fazer isso de maneira escusa ou se sentir culpado pelo que está fazendo com o parceiro.

ZECA – Estamos diante, talvez, de descobrir um novo patamar de honestidade, segundo o qual a infidelidade não está na traição física, mas na mentira?

Birman – O que deve ser levado em conta não é a traição em si, mas o que ela representa em termos de infidelidade ao laço amoroso. O que fere o parceiro é o fato de eu mentir e esconder que tenho ou tive outras relações fora da minha relação monogâmica. É infidelidade porque a regra básica de um acasalamento, de uma parceria, aquilo que a gente chama de cumplicidade, foi descumprida. Essa cumplicidade implica que eu possa saber o que está se passando com meu parceiro. A traição máxima ocorre quando não sei.

ZECA – Uma situação dessas poderia reafirmar a força do casal?
Birman – Possivelmente, porque os dois se afirmam como casal afirmando o laço de cumplicidade. Pode ser, claro, que daí surja uma crise, mas seria uma crise que permite uma reparação, exatamente porque o laço se fortalece e se torna mais consistente.

OLHAR A SOCIEDADE PELA LENTE DAS LEIS DA FÍSICA NÃO É EXATAMENTE UMA NOVIDADE. O PRÓPRIO ESCRITOR PHILIP BALL, AUTOR DE *CRITICAL MASS: how one thing leads to another* ("Massa crítica: como uma coisa leva à outra") e entrevistado desse episódio, reconhece que há séculos o homem busca na natureza maneiras de entender melhor a si próprio. Nem por isso a comparação entre os movimentos das grandes massas humanas e as moléculas de água num copo d'água deixa de parecer pouco convencional. Mas ela não podia estar mais correta. Para nos ajudar ainda mais a compreender esse raciocí-

física
Você enquanto molécula

nio, falamos ainda com o físico carioca Luiz Alberto Oliveira. A entrevista, dentro do Maracanã – onde podia-se imaginar com mais facilidade o fluxo das multidões –, tornou ainda mais fácil a compreensão de conceitos por vezes muito distantes do nosso dia-a-dia. Os torcedores do Flamengo, Leandro, e do Botafogo, Cristiano, que acompanhamos numa final de campeonato no estádio, mostraram que, na explosão na hora do gol, nos comportamos como moléculas de água prestes a congelar. Afinal, estamos todos sujeitos às mesmas leis, ainda que a gente nem desconfie disso...

PHILIP BALL nasceu em 1962 e se formou em química pela Universidade de Oxford. PhD em física pela Universidade de Bristol, é editor de *Nature*, importante jornal científico, além de colaborar com outras publicações. É autor de vários livros científicos, entre eles *H2O: A biography of water* e *Critical mass: how one thing leads to another* (Aventis Prize de 2005), no qual demonstra como a aplicação das lei da moderna física às ciências sociais podem enriquecer nossa compreensão das leis do comportamento humano.

ZECA CAMARGO – Toda essa idéia de colocar física e sociologia juntas não é algo exatamente novo, é?
Philip Ball – Não, isso vem do século 17, com o filósofo inglês Thomas Hobbes, que acreditava que poderia usar a física da sua época para compreender qual a melhor maneira de governar uma sociedade. Os filósofos que vieram depois trabalharam com as idéias de Isaac Newton. Acreditavam que, já que podiam usar a física para entender como os planetas giram em torno do Sol e a Lua gira em torno da Terra, raciocínios semelhantes poderiam ser usados para compreender como os elementos de uma sociedade, as pessoas, interagem, que forças controlam essa interação. Essa foi uma idéia levada adiante nos séculos 18 e 19.

ZECA – Era um pensamento intuitivo, certo?
Ball – A sociologia não existia oficialmente naquela época. Eles simplesmente queriam compreender tudo: tinham a teoria sobre partículas inanimadas e as forças entre elas, e queriam, a partir disso, entender as pessoas. Era tudo parte da mesma iniciativa. Essa era a idéia maior, mas acontece que pessoas não são tão fáceis de estudar. Somente lá pelo século 19 eles começaram a usar números sociais – estatísticas sobre nascimentos, mortes, crimes, suicídios – e descobriram que havia uma certa regularidade nesses números. Mesmo que os suicídios e crimes fossem, e são, atos decididos pelas próprias pessoas – ou não –, não podemos decidir quando vamos morrer! No entanto, descobriu-se que havia uma certa média nesses dados. Havia uma certa regularidade na sociedade, assim como na natureza. Ao ver as regularidades estatísticas da sociedade, alguns filósofos sentiram que o livre-arbítrio do homem era uma ilusão, porque, mesmo que, individualmente, pensemos que estamos escolhendo nosso caminho, há na sociedade leis naturais que deter-

minam o que vai acontecer – e sobre isso nada podemos fazer. Era uma visão muito determinada de como a sociedade evolui. Hoje, claro, o pensamento é outro: os sociólogos tendem a focalizar o comportamento individual, que parece incluir uma ampla margem

> A física, tradicionalmente, tem lidado com sistemas que possuem muitos átomos que se chocam, interagindo com as forças que há entre eles.
>
> **A sociedade é também uma coleção de entidades individuais em interação.**

de escolhas, e tentam compreender a sociedade com base nas escolhas individuais. Alguns dos físicos que trabalham nessas novas idéias estão tentando combinar as duas para ver o que acontece quando você pega uma pessoa, que pode fazer escolhas, e a coloca num grupo, onde ela vai interagir com os outros.

ZECA – Qual é a relação desse tipo de comportamento com a física?
Ball – A física, tradicionalmente, tem lidado com sistemas que

possuem muitos átomos que se chocam, interagindo com as forças que há entre eles. É assim que os físicos descrevem o comportamento dos gases e dos líquidos. A sociedade é também uma coleção de entidades individuais em interação. Há aí noções parecidas. Isso parece um tanto desafiador para as pessoas, porque elas acham estranho ser comparadas a partículas inanimadas. É claro que o homem é muito mais complexo do que os gases, mas há muitas situações em que podemos aplicar esse mesmo modelo, embora a noção de interação entre os homens seja muito mais complexa do que é entre os átomos e as moléculas. Às vezes, na física, quando há um grande número de entidades, o importante não é um detalhe preciso de como elas estão interagindo, mas o comportamento coletivo que se observa vindo dessa interação. É ele que realmente determina como o sistema, como um todo, se comporta. Essa é a idéia que eu coloco no livro.

ZECA – Como se consegue esse comportamento coletivo?
Ball – Vou lhe dar um exemplo dos comportamentos coletivos aos quais me refiro. Um copo de água está cheio de moléculas que se movem aleatoriamente, cada uma para um lado, chocando-se, interagindo. Se eu colocar o copo no *freezer*, a água vai virar gelo quando a temperatura atingir zero grau. Mas, uma fração de grau acima, a água vai continuar sendo água. É uma mudança súbita de água para gelo, mas ela só ocorre na temperatura exata. Isso é estranho, porque, à medida que a água vai congelando, as partículas começam a se mover mais vagarosamente, com menos energia, mas o congelamento não acontece aos poucos. É por causa do efeito coletivo que todas as partículas se tornam gelo de uma hora para outra. Esse é um exemplo de efeito coletivo: todas as partículas do copo decidiram repentinamente, coletivamente.

ZECA – No livro você dá um outro exemplo interessante sobre como os pássaros voam. Nem todos estão cientes do lugar para onde estão indo, mas um deles decide ir para um lugar e os outros o seguem.

Ball – Os pássaros e os peixes são exemplos fantásticos de comportamento coletivo. Durante um longo tempo foi um mistério, para os zoólogos, o modo pelo qual os pássaros podiam fazer essas formações incríveis, como se todos tivessem a mesma idéia, o mesmo pensamento. No inicio de século 20, algumas pessoas pensavam que eles usavam a telepatia! Mas os cientistas começaram a observar o comportamento local de um pássaro: ele sempre se ajustava para ir com os demais que estavam ao seu redor. Se os outros estavam indo numa direção, ele os seguia, como forma de evitar colisões. É simples assim. Quando você coloca esse comportamento num programa de computador e o adapta a uma simulação de partículas se movendo daquela maneira, você vê que, abruptamente, elas se deslocam aleatoriamente e passam a se mover todas numa só direção, de uma só vez. Descobrir isso foi uma surpresa.

ZECA – Isso se aplica aos homens? No trânsito, por exemplo?
Ball – No trânsito temos uma situação parecida com a dos pássaros, mas mais simples. Os pássaros seguem o que está na frente do bando, e os homens dirigem em linha, seguindo os demais, mas, se o da frente freia, os de trás têm que frear também. Assim, respondemos a alguém que está perto, na nossa frente, e não ao resto do trânsito. Mesmo que você esteja seguindo as regras gerais, pode haver mudanças repentinas no comportamento do sistema como um todo. Quando você simula isso no computador, percebe que, assim que o trânsito aumenta, você pode ir de um

fluxo calmo para um engarrafamento repentino. Uma pessoa sozinha pode mudar todo o comportamento do tráfego.

ZECA – Por causa de uma simples freada, por exemplo?
Ball – Pode ser um acontecimento trivial: alguém que começa a dormir enquanto está ao volante e, ao perceber que iria bater no carro da frente, usa o freio e força o de trás a frear também. Assim, basta um acontecimento pequeno para causar um grande efeito. Às vezes, estamos num engarrafamento enorme e nunca sabemos o que o causou, porque a pessoa que fez com que o trânsito ficasse lento já foi embora.

ZECA – Podemos usar o mesmo modelo para descrever os deslocamentos humanos?
Ball – Nesse caso, também, encontramos comportamento parecidos, especialmente se estivermos respondendo à ação de uma outra pessoa. Imagine uma multidão querendo sair de um lugar devido a um incêndio. É interessante imaginar essa situação em que as pessoas não podem ver a saída, somente a fumaça e o que os demais, em volta delas, estão fazendo.

ZECA – Eles seguirão essas pessoas.
Ball – Sim, eles as seguirão, e isso pode resultar em uma tragédia se todos, ao mesmo tempo, forem na mesma direção, procurando a mesma saída, sem perceber que há outras saídas livres. As pessoas não conseguem sair porque umas empurram as outras. Esse tipo de comportamento de pânico tem sido estudado por físicos que desenvolveram esses modelos de movimentos humanos. Podemos, sim, ver uma mudança abrupta: as pessoas caminham calmamente na direção de uma porta, e então uma começa

a andar mais rápido e todas começam a se aglomerar e a andar com pressa. O que acontece? A chegada de todos à saída fica extremamente difícil.

ZECA – Você cita no livro um exemplo de dois grupos de pessoas, um de cada lado de um muro. Se elas só encontram uma porta para passar de um lado para o outro, vão se bater muito. Você diz que é melhor ter duas portas. Por quê?
Ball – Acontece essa coisa estranha com as multidões: às vezes elas encontram maneiras de se mover espontaneamente, sem que alguém lhes diga para onde ir. Elas encontram meios eficientes de se mover. É isso o que acontece quando há duas portas. Não é preciso dizer para elas irem para essa ou aquela porta: as próprias pessoas decidem que uma é para o fluxo e outra para o contrafluxo. O mesmo acontece com pessoas que andam por corredores ou por ruas movimentadas: elas se organizam em fileiras, de modo a não bater umas nas outras. Ninguém usa a inteligência para fazer tal coisa. Não é necessário pensar sobre isso, mas esse comportamento surge sem programação prévia.

ZECA – Somos programados para isso? Ou fazemos isso por vontade própria?
Ball – Podemos dizer que o comportamento que temos em grupo é muito mais inteligente do que o que programamos individualmente. Acho que somos programados para não bater uns nos outros, mas não somos programados para nos mover em fileiras, conscientemente – isso apenas acontece. Esse é somente um exemplo desses efeitos coletivos.

ZECA – As pessoas acham que suas escolhas são as mais impor-

tantes, as mais sagradas, em uma sociedade livre. Descobrir que não temos muito controle sobre isso não é uma grande decepção? Não faz a gente se sentir sem poder?
Ball – Acho que o importante é que, pelo menos, sabemos como o sistema trabalha, e assim podemos ficar mais cientes das possíveis falhas nesse sistema. É bom saber que existe uma potencialidade para que esses efeitos coletivos aconteçam devido à interação entre nós – e que esses sistemas são muito sensíveis a perturbações, pequenos distúrbios que podem gerar grandes efeitos. O mesmo comportamento estatístico pode ser visto nas avalanches: uma pedra que rola morro abaixo pode bater numa outra e ir cada uma para um lado, ou o choque entre elas pode dar início à queda de mais e mais pedras, criando, de fato, uma avalanche.

ZECA – Isso tem a ver com a experiência que você cita no livro sobre grãos de areia?
Ball – Sim, esse é um dos modelos de sistema muito simples, e um dos meus favoritos. Para estudar comportamentos como o das avalanches, basta pegar um monte de areia, despejar mais areia por cima e observar o que acontece. Pode não acontecer nada, mas esse ato pode ocasionar uma pequena avalanche. Isso é muito fácil de fazer no computador – um tipo de assinatura onde os componentes interagem entre si e podem afetar uns aos outros de maneira intensa. Os físicos chamam isso de comportamento crítico, porque, num certo momento, a avalanche pode acontecer.

ZECA – O nome de seu livro vem daí? O que seria "massa crítica"?
Ball – O nome do livro vem daí. É uma alusão a esse comportamento.

ZECA – Podemos falar que o comportamento de uma multidão num estádio de futebol atinge também uma massa crítica? Por exemplo: algumas pessoas começam a cantar, outras as seguem e todo o estádio passa a cantar junto. Mas nem sempre uma manifestação toma conta do estádio inteiro...

Ball – Eu voltaria ao meu copo de água, porque é o mesmo comportamento que acontece quando a água congela e se transforma em gelo. O que é preciso, uma vez que a temperatura desça a 0°, é que as moléculas de água se aglomerem de uma tal maneira que formem um gelo pequenino, para que as demais se juntem àquelas – e aí o resto congela ao mesmo tempo. Não é certo que aconteça sempre: existe uma certa probabilidade, porque o núcleo tem que crescer até chegar a um certo tamanho para continuar crescendo. Se ficar muito pequeno, antes de toda aquela água se tornar um bloco de gelo, esse núcleo pode se dispersar. É o que acontece numa multidão num estádio de futebol.

ZECA – As pessoas, realmente, gostam de estar numa multidão? Saber que fazer parte da multidão as coloca numa dinâmica que foge ao seu controle é um alívio ou um fardo?

Ball – Acho que podemos encontrar as duas situações. No livro, eu dou o exemplo de como as pessoas se comportam ao aplaudir um espetáculo: elas acabam encontrando uma sintonia. Isso mostra que as pessoas gostam de fazer o que os vizinhos estão fazendo. Gostam, em geral, até de seguir algumas normas sociais estabelecidas, o modo como nos vestimos, como falamos. Esses modelos podem explorar como normas como essas são estabelecidas ou criadas.

ZECA – Mas como o fato de sabermos dessas coisas pode ser libertador?

Ball – A idéia de que o modo como as partículas interagem na física descreve como interagimos pode soar um tanto determinador. Mas, de algumas maneiras, pode acontecer o contrário, principalmente quando estamos tentando formular nossas escolhas e as conseqüências de nossas escolhas. Se usarmos um modelo assim para descobrir quais as conseqüências das nossas escolhas, se pudermos mapeá-las de alguma forma, poderemos escolher a melhor forma de chegar lá e as melhores influências que nos guiarão naquela direção. Acho que é uma ferramenta muito boa para aqueles que fazem as políticas da nossa sociedade. Eles nem sempre sabem como chegar. Se tivermos uma idéia prévia do que poderá acontecer, poderemos canalizar nossos recursos mais eficientemente, ao invés de tentar o impossível.

ZECA – No fim do livro, você diz que não existe nenhuma lei física ou modelo que possa reger nossa vida ou nossa vontade.

Ball – Acho que nosso comportamento individual não será determinado. Por exemplo, quando estamos no meio de um engarrafamento, ninguém nega que nossa livre escolha está sendo tirada de nós, mas não há muito que possamos fazer diante do restante do grupo, do efeito grupal do engarrafamento. Não é que sejamos guiados como autômatos, mas, numa sociedade, quando estamos interagindo com outros, não temos total liberdade de fazer o que nos dá na telha. Estaremos sempre restritos pelas escolhas de outras pessoas, e temos que aprender a viver com isso.

LUIZ ALBERTO OLIVEIRA é físico, doutor em cosmologia, pesquisador do Laboratório de Cosmologia e Física Experimental de Altas Energias (Lafex), do Centro Brasileiro de Pesquisas Físicas (CBPF/MCT), onde também atua como professor de história e filosofia da ciência. É membro fundador do Instituto de Estudos da Complexidade (IEC).

ZECA CAMARGO – Como a física tem a ver com a vida da gente?
Luiz Alberto Oliveira – Hoje se pode fazer uma série de analogias entre sistemas físicos e comportamentos biológicos, comportamentos humanos. Então, existe um tipo de relação que é válida tanto para se falar de partículas, de moléculas, quanto de formigas ou abelhas, ou de pessoas. Se tivermos um número muito grande de componentes, e esses componentes tiverem um certo tipo de relação entre eles, então o mesmo tipo de comportamento vai suceder. Por isso é possível fazer analogias muito interessantes entre a física e a sociedade humana.

ZECA – Será que essa idéia hoje é mais acessível para o grande público?
Oliveira – Hoje é possível explicar essas coisas com exemplos práticos. Em vez de dizer: "Pense em moléculas de água num copo d'água. Como é que elas estão se comportando? O que acontece quando há um congelamento?", etc., pode-se dizer a mesma coisa usando a imagem de uma multidão num estádio de futebol no momento do lance do pênalti ou do gol. Estamos tratando do mesmo fenômeno, e isso torna o assunto mais acessível e interessante.

ZECA – Então o ponto crítico que observamos num copo d'água que está prestes a congelar tem a ver com uma multidão no estádio, esperando um gol?
Oliveira – Temos a água líquida, onde as moléculas de água escorregam umas por cima das outras, sem manter uma forma fixa. À medida que a água vai esfriando – e esse é um processo paulatino –, vão se formando cristais de gelo. Mas eles são muito efêmeros, duram pouco, não conseguem se concatenar. Formam-se e desfazem-se, num ritmo de bilhões de vezes por segundos.

Quando a temperatura chega perto de zero grau, cresce a possibilidade de esses cristais se coligarem. Quando chega exatamente a zero grau, desaparece a barreira que impedia que eles se coligassem – e todos se coligam ao mesmo tempo, de uma vez só. Isso é o ponto crítico: o sistema tinha um comportamento, passou a ter outro comportamento.

ZECA – De uma hora para outra?
Oliveira – É um processo gradual que, de repente, muda o comportamento, muda o aspecto global do sistema. O sistema antes tinha um aspecto líquido, em que as moléculas dançavam umas em torno das outras, e agora tem um comportamento solidário, em que elas estão solidamente concatenadas umas às outras. Se eu imaginar que o estádio de futebol é um grande copo d'água, o que acontece com a multidão quando o estádio está cheio? São múltiplos movimentos, múltiplas vozes sendo ouvidas. E aí há um acontecimento, por exemplo, um lance na área, e alguém – não se pode saber quem, isso é indeterminado – se levanta primeiro e grita "Pênalti!". Isso causa uma propagação, que irá fazer com que toda a torcida, mesmo quem estivesse distraído, se levante e grite: "Falta, pênalti, gol!".

ZECA – Na água, o que define o ponto crítico é a temperatura... E no estádio é o gol?
Oliveira – É quando você passa de uma coleção de comportamentos individuais a um comportamento coletivo. Então, deixa de haver um comportamento em que o que domina é a regra de cada um, de cada indivíduo, de cada componente, e passa a haver um comportamento global, coletivo. Essa passagem é que caracteriza essas mudanças críticas.

ZECA – Deixamos de ser indivíduos para virar... massa?
Oliveira – Fomos ensinados a nos conceber como indivíduos, ou seja, entidades autônomas, que têm certas deliberações, tomam certos caminhos. Só que, simultaneamente, o tempo todo, somos potencialmente elementos de massa. Por exemplo: dentro de um elevador, somos indivíduos, todos procuram preservar seu espaço pessoal. Ninguém se toca, os corpos não se tocam. Você vai até se encolhendo. O elevador vai se enchendo e você vai se encolhendo, para evitar ser incomodado e não incomodar os outros. Essa é uma situação controlada. Mas o que acontece quando você entra no Maracanã e começa aquela efervescência, aquele calor da torcida? Você começa a tocar as pessoas que estão ao seu lado, pessoas que você nunca viu. Na hora da emoção e do gol, você abraça quem nunca viu, beija a mulher do outro... perde completamente a individualidade! Então, somos indivíduos e somos simultaneamente elementos de massa. Basta ocorrer a circunstância, e o comportamento de massa emerge. Só que a massa não é um indivíduo humano grandão. A massa é outro tipo de entidade, a massa tem outro tipo de mentalidade, outra psicologia, outra dinâmica, outros interesses. Ela é uma entidade feita de seres humanos, mas não é humana, como o indivíduo é.

ZECA – As pessoas têm consciência de que estão entrando nesse estado?
Oliveira – O que caracteriza essa passagem psicológica, esse ponto crítico psicológico, é a abolição do eu. Eu não me contenho mais dentro dos limites do meu corpo, desse espaço que estou acostumado a tocar. Tudo é tocável, eu entro em contado com tudo. Agora, é como se todos aqueles corpos fizessem parte do meu.

> Somos mais complicados que as moléculas, indiscutivelmente – mais complicados que as formigas, que os cristais de neve... Mas, num certo sentido, continuamos sendo partículas, continuamos sendo formigas, cristais de neve.
>
> **E mantemos essa simplicidade básica só inconscientemente.**

ZECA – Isso lembra uma cerimônia religiosa...

Oliveira – Sim, se você pensar em uma massa fechada, que é a massa regular, que é uma massa que periodicamente se reúne, que tem toda uma série de comportamentos. Em uma sala de concertos, em uma cerimônia religiosa, o extravasamento da individualidade torna-se uma experiência que aproxima você de um contato com a totalidade: "Eu fui além dos meus limites. Fui além desse eu cotidiano. Estou em uníssono: cantando, rezando, pensando, sentindo ou ouvindo em uníssono, em conjunto, em sintonia com todas as outras pessoas... Somos um". Essa experiência é profundamente transformadora e existe em todas as religiões, em todas as culturas.

ZECA – É fácil admitir esse comportamento em moléculas que não têm vontade própria, mas encarar que isso acontece comigo é um pouco incômodo...

Oliveira – Num certo sentido, podemos ser tão simples quanto as moléculas. Somos mais complicados que as moléculas, indiscutivelmente – mais complicados que as formigas, que os cristais de neve... Mas, num certo sentido, continuamos sendo partículas, continuamos sendo formigas, cristais de neve. E mantemos essa simplicidade básica só inconscientemente. É ancestral, como se a seleção natural tivesse nos dotado de mecanismos pelos quais temos esse repertório, temos esse acervo de possibilidades de comportamento, de modos de ação. Só que não são deliberações conscientes.

ZECA – Nossa vida fica mais fácil quando descobrimos que tudo tem um ritmo?

Oliveira – É como se usássemos isso para definir certos princípios. Por exemplo, o princípio de minimizar o esforço, de poupar recursos. Isso vale tanto para moléculas num gás quanto para moléculas no metal de uma liga, quanto para formigas fazendo o caminho entre o formigueiro e a fonte do alimento, quanto para nós, quando espontaneamente nos organizamos numa fila, de modo a minimizar os atritos e contatos.

ZECA – Nesse sentido, foi bom ter sido programado dessa maneira?

Oliveira – Sim, sim. O importante, o curioso, é que hoje podemos reconhecer esse comportamento. Então, sabemos que nós, além de toda a nossa racionalidade, de toda a nossa capacidade lingüística, de nossa imaginação, dispomos desse comportamento que é tão nosso, tão profundamente nosso. Nossas moléculas funcionam assim, caramba!

ZECA – É ótimo saber que existem coisas com as quais a gente não precisa se preocupar. Pode deixar com o acaso...

Oliveira – É deixar a intuição operar. A gente tem uma tradição que opõe razão, pensamento, objetivo, à intuição. Na verdade, a intuição é uma razão extremamente refinada, que trabalha com toda uma ancestralidade, com dados antigos, uma ancestralidade de experiências. A intuição é uma razão muito sofisticada. Se você deixar, seu corpo e o corpo dos outros vão se acomodar de tal maneira que vai ser o mínimo esforço para todos. É ancestral. Por isso que é tão incômodo quando alguém fura a fila, porque, na verdade, está cutucando alguma coisa muito profunda, muito ancestral. Está estragando um algoritmo matemático. Onde é que já se viu uma coisa dessas?

ZECA – E isso é física?

Oliveira – Estamos falando de sistemas que inicialmente foram estudados com sucesso na física – comportamentos de gases, sólidos, metais, etc. Aos poucos, verificou-se que esse comportamento era essencialmente o mesmo em sistemas muito diferentes, em sistemas biológicos e até mesmo em pessoas. Pode-se falar de uma física social, ou de uma sociologia física. O que importa é que o mesmo instrumental serve para produzir esclarecimento, entendimento, em todas as situações – e o conhecimento sempre é bom.

ZECA – Por que um estádio de futebol é tão perfeito para exemplificar isso?

Oliveira – Porque nele temos o que se chama de anel de massa. Nesse anel de massa, a massa pode contemplar a si própria. A massa exulta com sua própria potência, com sua própria grandeza – ainda

> A gente tem uma tradição que opõe razão, pensamento, objetivo, à intuição.
> **Na verdade, a intuição é uma razão extremamente refinada.**

que seja a massa adversária, porque a massa adversária é uma medida da sua própria grandeza enquanto massa.

ZECA – Existem outros exemplos em que a massa se contempla, se imita e chega a um ponto crítico?
Oliveira – Se você considerar um sistema de elementos relativamente autônomos, mas que estabelecem uma ligação entre si, quando se forma essa conexão ela se distribui e se adensa, forma o coletivo: essa é a passagem do ponto crítico. Que princípio é esse? Que relação é essa? Pode ser uma relação de imitação. Se você bater palmas numa certa cadência, vou ajustar minha cadência à sua, e isso cria um ritmo que vai servir de matriz, de diretriz, para outras palmas se cadenciarem. Em pouco tempo, todo mundo estará batendo palmas junto, e forma-se a platéia. De repente, não é mais cada um, é a platéia que está ali.

ZECA – Se acrescentarmos uma música a essas palmas, podemos ter uma dança coletiva!
Oliveira – Um belo exemplo é a dança dos dervixes. A princípio,

eles dançam com movimentos mínimos, mas a dança os vai levando para outro estado de pensamento. De repente, eles começam a se mover e nunca se tocam, nunca se chocam. Embora nunca se vejam, nunca se olhem, criam uma percepção generalizada. Então, aquilo se torna uma dança coletivamente realizada, coreografia sem coreógrafo, sem pré-definição, que surge espontaneamente, como por acaso. Na verdade, o acaso está sendo operado para formar esse cristal móvel da coletividade.

ZECA – Num exemplo menos espiritual, temos o baile *funk*...
Oliveira – Exatamente! Alguém começa a fazer um movimento, um segundo o repete, e o terceiro também... Isso cria um pólo atrator. O movimento vai se distribuindo, vai se ampliando, se disseminando... Em pouco tempo, estão todos na mesma cadência. É uma experiência extraordinária, que faz com que cada um se sinta maior do que costuma ser, sinta que pertence àquele grupo – ou, melhor, não pertence simplesmente: ele é aquele grupo. É uma experiência arcaica, antiga, bastante humana, uma experiência profundamente transformadora.

ZECA – Esse garoto do baile *funk* mal sabe que está se comportando como uma boa molécula!
Oliveira – Isso, uma boa molécula!

ZECA – Esses modelos ajudam a gente a prever alguns comportamentos humanos?
Oliveira – Sim. Você pode ter certeza de que, numa situação de massa, vai ocorrer um certo acontecimento – não se pode prever qual, não se sabe que indivíduo vai se levantar para xingar o juiz. Mas assim que se dá esse acontecimento, as pessoas em volta re-

agem, e isso cria uma perturbação que vai se espalhando, fazendo toda a massa reagir. Não se pode prever o acontecimento singular que dará início ao padrão, mas o padrão é perfeitamente previsível. Esse é um conhecimento que se passa a ter, e que é útil, por exemplo, para administrar grandes cidades, quando ocorrem engarrafamentos ou eventos de grande concentração de massa, como os Jogos Pan-Americanos. Biologicamente, fisiologicamente, somos seres ambíguos, que ora podem agir individualmente, autonomamente, ora podem agir coletivamente. É importante ter a compreensão desse fato tão básico.

ZECA – Estamos a caminho de entender coisas cada vez mais complicadas?
Oliveira – Estamos a caminho de começar a entender o mais extraordinário, o mais complexo dos sistemas, que é o sistema nervoso humano, isso que nos permite estar aqui conversando, pensando e nos entendendo. Será que um dia chegaremos a desvendar completamente quem somos? Possivelmente não, mas a aventura vai ser divertida!

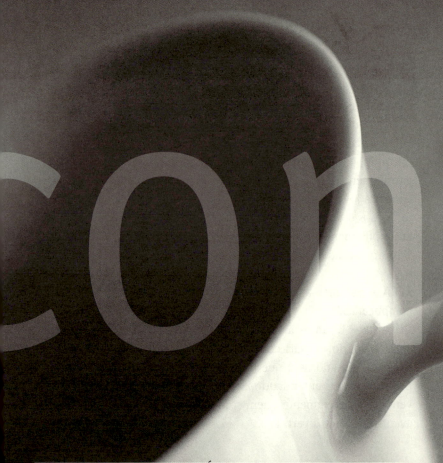

WILSON É UM *OFFICE-BOY* TÍPICO: TRABALHA MUITO DURANTE O DIA, CORRE DE LÁ PARA CÁ, AINDA ESTUDA À NOITE – E É UM DOS TIPOS COM MAIS ESTILO QUE VOCÊ VÊ desfilar pelas avenidas mais movimentadas de uma cidade como São Paulo. Isso porque ele gosta de se vestir bem – especialmente no que se refere a roupas de marca. Mas, na hora de escolher, será que ele não se sente sufocado com tantas opções? A baiana Olívia, que também foi nosso personagem nesse episódio de "Novos Olhares", diz que consome "pra arrasar", pra se sentir feliz e bonita:

consumo
Quando muitas opções confundem a escolha

"O consumo não é um momento de prazer, mas um meio para o prazer". Por isso, simplesmente sai comprando e construindo suas histórias e fantasias a partir das roupas que consome. Ela constrói o que a antropóloga Lívia Barbosa chama de "sonho acordado". A autora de *Sociedade de consumo* participa da discussão sobre o tema com o psicólogo Barry Schwartz, que escreveu um livro sobre o paradoxo da escolha, no qual defende que nem sempre ter um número maior de produtos a escolher traz uma satisfação maior no ato da compra.

BARRY SCHWARTZ formou-se em psicologia na Universidade de Nova York e defendeu seu mestrado na Universidade da Pensilvânia. É professor de teoria social e ação social do Swarthmore College. Publicou, entre outros, *Psychology of learning and behavior* com Edward Wasserman e Steven Robbins. Em seu livro mais recente, *The paradox of choice: why more is less*, fala de um mundo que nos oferece cada vez mais opções de escolha e cada vez menos satisfação.

ZECA CAMARGO – Minha primeira reação ao seu livro foi achar que você não trouxe boas notícias, já que nos colocou cara a cara com um problema que não sabíamos que tínhamos.

Barry Schwartz – Acho que você tem razão. Nos Estados Unidos, mais do que em qualquer outro lugar, temos em mente que a coisa mais importante na vida é a liberdade, e liberdade significa poder escolher. Quanto mais escolhas as pessoas têm, maior sua liberdade, e quanto mais liberdade se tem, melhor nossa vida pode ser. Nos Estados Unidos, tudo é feito de maneira a enfatizar a liberdade e, com isso, as possibilidades de escolha. É bom escolher, ter escolha é essencial, mas as oportunidades de escolha são demasiadas, e ninguém havia se dado conta disso. Agora fomos atingidos pela evidência de que temos essa "boa coisa" em demasia.

ZECA – O que detonou esse pensamento?

Schwartz – Tudo começou quando fui comprar um par de calças *jeans* na loja Gap. Eu costumava levar cinco segundos para fazer esse tipo de compra. Pedia ao vendedor que me mostrasse um par de *jeans* do meu tamanho e pronto. Nesse dia, entrei na loja, fiz a mesma pergunta e, como resposta, ouvi mais perguntas: se eu queria *jeans* largos, apertados, com botões, com zíper, de tecido lavado, escuro etc. Achei que, se eram fabricados tantos tipos e estilos diferentes, deveria experimentar todos, e passei uma hora fazendo algo que costumava fazer em poucos segundos. Acabei levando as melhores calças *jeans* da minha vida, mas nunca me senti tão mal. Fiz uma coisa melhor e me senti pior. Então comecei a pensar se havia algo de estranho comigo ou se eram as calças *jeans* que eram estranhas. Quanto mais pensava, mais eu me aproximava da conclusão: quando não há muitas opções na vida, as expectativas são bastante modestas. Você não espera que um par de *jeans* lhe caia perfeitamente bem se só existem dois modelos, mas, se há cem modelos, você espera que um deles seja perfeito. E, se encontra um que seja bom, mas não perfeito, você acaba ficando desapontado.

ZECA – O que desencadeou esse processo? Os consumidores ou o mercado?
Schwartz – As pessoas que estão entusiasmadas com o mercado dizem que ele nos dá o que nós, consumidores, queremos. O mercado apenas supre as nossas vontades. Em minha opinião, isso é besteira. O mercado cria a demanda. Os que produzem querem vender mais e mais, e, para que isso aconteça, oferecem uma maior variedade. O que tornou isso possível foi uma revolução na manufatura, que atualmente usa equipamentos computadorizados. Quando se deseja criar um produto totalmente diferente, basta fazer umas poucas modificações nos equipamentos. Não é mais necessário modernizar toda a fábrica para fazer algo novo. Hoje, é muito mais barato produzir uma maior variedade do que antigamente, quando o processo era caro.

ZECA – Talvez o mercado tenha notado que nós, humanos, somos suscetíveis a todas essas opções.
Schwartz – É muito pior do que isso. Se você perguntar às pessoas se preferem fazer compras em lojas que têm muitas ou poucas opções de escolha, quase todas dizem que preferem lojas onde possam ter muitas opções. Não é algo que surgiu devido a uma lavagem cerebral. É algo que as pessoas imaginam que seja bom para elas. Talvez até seja um tipo de lavagem cerebral, porque acreditamos que a liberdade é boa. Mas as pessoas preferem ter

> As pessoas que estão entusiasmadas com o mercado dizem que ele nos dá o que nós, consumidores, queremos. O mercado apenas supre as nossas vontades. **Em minha opinião, isso é besteira.**

uma grande variedade de opções sem o encorajamento das forças malignas do mercado. Estamos aprendendo que muitas opções nos deixam malucos. Produzem uma paralisia, porque as pessoas acabam não escolhendo e ficando insatisfeitas, como eu fiquei com minhas calças *jeans*. Mas, mesmo quando passam por essa experiência, elas nunca se lembram de culpar o grande número de opções. Acabam culpando outras coisas, porque pensam que ter escolha é bom.

ZECA – Elas podem culpar a si mesmas...
Schwartz – Sim, acabam achando que são maus compradores e não sabem se portar diante de tantos tipos de câmeras digitais, por exemplo. A pessoa acaba achando que é burra ou preguiçosa.

ZECA – Talvez porque não souberam "maximizar", para usar uma expressão que você propõe no seu livro...
Schwartz – Só o melhor serve...

ZECA – Esse é um fenômeno contemporâneo?
Schwartz – Sim, e é um desastre. Produz muita tristeza se a pessoa tiver essa atitude o tempo todo.

ZECA – Mas todas as pessoas "maximizam"?
Schwartz – Algumas pessoas são diferentes. A distinção é a seguinte: algumas querem o melhor sempre (*jeans*, cereais, escola, parceiro amoroso, emprego, etc.), enquanto outras querem algo bom o suficiente, sem significar algo medíocre. Uma coisa pode ser muito boa sem precisar ser a melhor. A diferença é que, se você está procurando algo suficientemente bom, não precisa examinar todas as possibilidades. Quando consegue alcançar os seus padrões, você pára de procurar.

ZECA – É impossível passar por todas as oportunidades num mundo como o nosso.
Schwartz – Não é possível. Mas, se você pensa que tem que ter o melhor, o único meio de conseguir o melhor é passar por todas as possibilidades. O que acontece é que, numa determinada hora, você pára de procurar, escolhe uma coisa e, mesmo que tenha conseguido algo muito bom, se convence de que poderia conseguir algo melhor, mesmo que levasse muito tempo. Você então fica desapontado com uma boa decisão. Acho que esse conceito se aplica a tudo. Aqui, nos Estados Unidos, os jovens se torturam tentando decidir para que faculdade devem ir, qual profissão escolher, o que fazer da vida, o que ser quando crescer. Depois, se martirizam tentando escolher o emprego. Quanto às relações amorosas, não temos mais regras aqui, e provavelmente no Brasil também não. Quando eu era jovem só havia uma pergunta a fazer: Quem?. As outras perguntas estavam respondidas. Vou me

casar? Sim. Quando? Tão logo seja possível. Vou ter filhos? Sim. Quando? Tão logo seja possível. A única pergunta para a qual não tínhamos resposta era com quem. Hoje não temos uma resposta automática para nenhuma dessas perguntas. Meus jovens alunos se torturam tentando descobrir como será sua vida romântica, sua profissão. Têm dúvidas até sobre sua identidade.

ZECA – Tínhamos tudo para sermos felizes.
Schwartz – Felizes e satisfeitos. Temos um mundo de possibilidades e podemos, apenas, abraçá-las, mas, em vez disso, as pessoas estão tomando Prozac, visitando o consultório dos analistas.

ZECA – Tudo porque nos sentimos permanentemente arrependidos...
Schwartz – Acho que o arrependimento é terrível. Algumas pessoas acham que precisam do melhor porque a única maneira de não se arrependerem de ter tomado uma decisão errada é saber que fizeram a melhor escolha. Se você tem a melhor câmera digital, não há do que se arrepender. Mas, se você tem uma fantástica câmera digital e duas semanas mais tarde descobre que seu amigo comprou uma ainda melhor, acaba se achando um idiota por ter comprado aquela.

ZECA – Será que não aprendemos com isso?
Schwartz – Quando percebemos que fizemos algo errado, o bom é que aprendemos com isso e talvez façamos diferente da próxima vez. Por isso, acho importante a pessoa se arrepender quando tem motivos para isso, mas essa imensa gama de opções faz com que as pessoas se arrependam quando não deveriam fazê-lo. Ou

eu fico paralisado, tenho certeza que vou me arrepender da minha decisão, ou ficarei feliz com uma boa decisão.

ZECA – Então o grande fardo é fazer a escolha perfeita, certo? Mas isso não é fácil quando estamos constantemente nos comparando com outras pessoas... Você menciona, no seu livro, a história do Volvo. Você compra o Volvo, está feliz com sua compra, até que alguém envenena a sua aquisição. A opinião de alguém pode arruinar a sua compra?
Schwartz – Sem dúvida alguma. Somos sensíveis a isso. As pessoas têm graus diferentes de suscetibilidade à opinião dos outros – essa é uma verdade para nós, humanos, que vivemos em sociedade. Pode se manifestar de modos diferentes, em épocas diferentes, mas é a vida.

ZECA – Há como sair dessa confusão?
Schwartz – Acho que existem dois caminhos para sair dessa confusão. Um é institucional: as instituições governamentais se conscientizarem de que não estão sempre fazendo um favor à população ao oferecer muitas escolhas.

ZECA – Existe uma alternativa no plano pessoal?
Schwartz – Há várias alternativas no plano pessoal. Primeiro e mais importante: aprender que ter algo bom o suficiente é, quase sempre, bom o suficiente. Quase nunca vale a pena procurar o melhor, porque, mesmo que você o encontre, vai acabar insatisfeito com o resultado. Temos pesquisas sobre jovens recém-formados na faculdade que estavam à procura de um emprego. Os "maximizadores" conseguiram empregos que pagavam 20% mais do que os obtidos pelos que estavam satisfeitos com o su-

ficientemente bom. Conseguir 20% mais é algo muito bom, mas os estudos revelaram que eles estavam menos satisfeitos com a procura do emprego, com sua vida e com o próprio trabalho. Sentiam-se deprimidos, menos felizes e menos otimistas. Tinham conseguido o melhor e estavam se sentindo pior. Então, procurar o melhor é a receita para se sentir muito mal, mesmo que você o encontre. É claro que, frequentemente, você não vai encontrar. Isso é o mais importante. E, em segundo lugar, eu diria: escolha a hora de escolher.

ZECA – Como assim?
Schwartz – Pergunte a um amigo. Você não precisa fazer a escolha sozinho. Você está procurando uma câmera digital e sabe que seu amigo comprou uma dois meses antes. Pergunte a ele que câmera ele comprou e compre uma igual. Pronto. Vai ser a melhor câmera do mundo para você? Provavelmente não. Isso importa? Claro que não. Se você for um fotógrafo profissional, é claro que não vai fazer tal coisa, mas, para a grande maioria de nós, está bem assim. Escolha onde quer lutar. Às vezes você quer ter as rédeas de comando, mas não precisa ser sempre assim. Outro conselho: limite o número de opções que você pode ter. Vou somente a duas lojas e escolher o que mais me agradar – e não vou entrar em mais nenhuma. Ligo o computador e vou olhar somente três sites (o que é muito difícil, porque levamos somente cinco segundos para acessar outro). Não sei dizer quantas vezes minha mulher ou eu fizemos pequenas compras pela internet achando que íamos levar somente cinco minutos e quatro horas mais tarde...

ZECA – Vocês ainda estavam no computador?
Schwartz – Ainda estávamos tentando encontrar algo que cus-

Crie suas regras e estabeleça que não vai gastar mais do que um determinado tempo nisso. Aprender que ter algo suficientemente bom é bom o suficiente, permitir que outras pessoas tomem decisões para você de vez em quando e limitar o tempo de busca terão um impacto positivo sobre sua vida.

tasse apenas 20 dólares. A razão é que, se você gastou uma hora, quanto vai gastar visitando outro *site*? Só vinte segundos? Quando é que se pára? Então, crie suas regras e estabeleça que não vai gastar mais do que um determinado tempo nisso. Aprender que ter algo suficientemente bom é bom o suficiente, permitir que outras pessoas tomem decisões para você de vez em quando e limitar o tempo de busca terão um impacto positivo sobre sua vida. Acho que há pessoas já fazem isso: ninguém quer o melhor de tudo sempre. Há coisas para as quais as pessoas nem ligam. Por exemplo, quando compro selos para cartas, nem quero saber que tipo de selo irão me vender. Nem mesmo o pior dos "maximizadores" é um "maximizador" para tudo. O que se tem que fazer é usar estratégias conhecidas e aplicá-las nas áreas da sua vida onde você não costumava aplicar nenhuma estratégia. O impacto será tremendo: você terá mais tempo livre e ficará mais satisfeito com suas decisões.

ZECA – Para encerrar. Funcionou para você?
Schwartz – Eu estou satisfeito com o suficientemente bom. Sempre estive. O mundo está tornando mais difícil ser dessa maneira, mas eu sou assim.

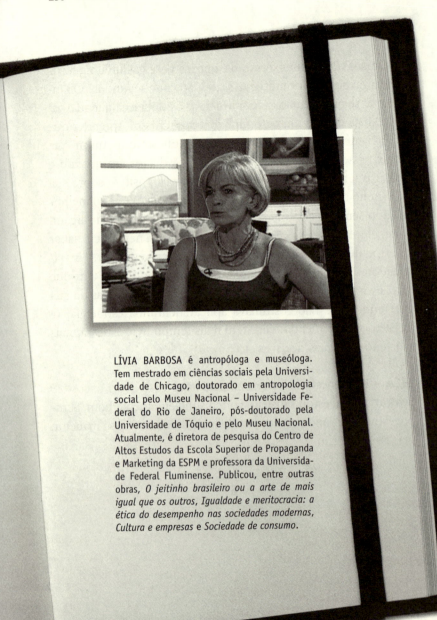

LÍVIA BARBOSA é antropóloga e museóloga. Tem mestrado em ciências sociais pela Universidade de Chicago, doutorado em antropologia social pelo Museu Nacional – Universidade Federal do Rio de Janeiro, pós-doutorado pela Universidade de Tóquio e pelo Museu Nacional. Atualmente, é diretora de pesquisa do Centro de Altos Estudos da Escola Superior de Propaganda e Marketing da ESPM e professora da Universidade Federal Fluminense. Publicou, entre outras obras, *O jeitinho brasileiro ou a arte de mais igual que os outros*, *Igualdade e meritocracia: a ética do desempenho nas sociedades modernas*, *Cultura e empresas* e *Sociedade de consumo*.

ZECA CAMARGO – O excesso de opções de escolha é algo que oprime o consumidor brasileiro?

Lívia Barbosa – Certamente, um excesso de possibilidades de escolha, se não traz angústia, pode trazer cansaço – e acho que isso é plenamente perceptível para os brasileiros que vão à Europa ou aos Estados Unidos e têm de enfrentar uma compra numa grande loja de departamentos.

ZECA – Mas no Brasil também não temos essa experiência?

Lívia – Não. E essa é, inclusive, uma coisa interessante sobre o Brasil: aqui as lojas de departamentos nunca vingaram como lá fora. Se elas nos fascinam graça a toda aquela sofisticação, possibilidades de escolha, ao mesmo tempo elas nos cansam, porque não temos essa experiência cotidiana. Mas elas nos cansam muito mais do que nos angustiam. Não causam uma angústia existencial, como Barry Schwartz coloca no seu livro.

ZECA – Por que nós, brasileiros, estaríamos livres dessa angústia?

Lívia – Eu não afirmo que estamos livres dessa angústia. Mas ela não parece ser tão central quanto o autor afirma no seu livro. A modernidade é caracterizada justamente por esse valor central que é a liberdade – e alguns de seus desdobramentos são a autonomia e a ideologia de escolha. No caso americano, essa ideologia é radical. Não se tem a opção de não escolher. Nos Estados Unidos, o indivíduo deve se bastar – tanto que um dos valores centrais norte-americanos é o *"self-reliance"*, que significa a capacidade que o indivíduo tem de procurar dentro dele mesmo os recursos para se pôr à frente na vida e realizar seus planos, seus objetivos, sem ajuda de ninguém. Quem é esse ninguém? São a família, os amigos, as relações pessoais.

ZECA – E o brasileiro tem outra atitude, especialmente ligada ao ato da compra?
Lívia – O brasileiro não tem o problema de se bastar – e acho isso ótimo. Ele vê nos amigos, na família, um recurso permanente para a sua vida. Então, não hesita em perguntar a um amigo o que ele achou de uma determinada marca que ele comprou, pedir a opinião de familiares ou consultar as vendedoras. Uma das características da sociabilidade brasileira é justamente a troca de experiências: emocionais, familiares, profissionais, de consumo. O "boca a boca" é um elemento fundamental para nós, no Brasil.

ZECA – Então, para o brasileiro, a escolha nunca é um fardo.
Lívia – Ela pode ser cansativa. E tanto é cansativa que uma demonstração de que não queremos tantas opções de escolha é que preferimos um tipo de comercialização que no Brasil foi muito bem-sucedida: o *shopping center*. O que caracteriza o *shopping center*? Uma política de *marketing* global para unidades diferentes de negócio com atendimento personalizado. Todas as grandes lojas de departamentos no Brasil dizem que faliram por má administração, mas acho que existe um fator cultural por trás disso. É a dificuldade do consumidor de lidar com a impessoalidade do tratamento que vigora numa loja de departamentos. Isso é justamente uma coisa que desagrada os brasileiros numa loja de departamentos norte-americana. Não existe uma acessoria para compras, é difícil encontrar alguém que esteja disposto a auxiliar. Geralmente, só há uma pessoa no caixa. E o que o consumidor quer? Consultar, fazer perguntas como: "Será que vocês têm essa blusa em outra cor?".

ZECA – O brasileiro gosta é do diálogo...

Lívia – Ele gosta da interação social. Tanto é que, nas lojas, as pessoas tendem a manter relações interpessoais com os vendedores – e você não precisa ser rico para ter esse atendimento. Em qualquer loja, que atenda a qualquer segmento social, o comportamento tende a ser o mesmo. A menina está experimentando um vestidinho de malha que marca os pneuzinhos e a vendedora diz: "Olha, tem um outro que vai cair melhor em você. Por que você não experimenta um tamanho maior?". Para nós, esse encargo de ter que decidir não é uma angústia tão grande, como o autor coloca no seu texto, devido à maneira como lidamos com a ideologia da escolha e ao nosso modelo de sociabilidade.

ZECA – O brasileiro é fiel a uma marca ou gosta de experimentar?
Lívia – O brasileiro gosta de experimentar, ou, melhor, de experimentar novidades em determinadas áreas, como por exemplo qualquer coisa relativa à comunicacão. Tenho grandes problemas com a idéia de fidelização, a relação emocional com a marca. Parto do princípio de que o consumidor é um sujeito que tem senso crítico. Muitas teorias sobre consumo partem do pressuposto de que o consumidor é um vazio motivacional, ou seja, é plenamente manipulável pelos meios de comunicação, não tem capacidade crítica de, ao experimentar um produto, dizer: "Não vou comprar isso de novo porque não gostei". Acho que as pessoas experimentam, aceitam ou rejeitam.

ZECA – No seu livro, você coloca o consumidor como um ator fundamental naquilo que a gente chama de "sonhar acordado".
Lívia – Isso tem a ver com a tese de Colin Campbell sobre a construção da subjetividade moderna. De acordo com esse autor, a subjetividade moderna está intimamente ligada à dimensão romântica

da existência. Não tem a ver só com a relação interpessoal – de homem, mulher, amor, paixão. Tem a ver também com aventura, com audácia, com a vontade de transformar o mundo...

ZECA – Mas o que é esse "sonhar acordado"?
Lívia – Por exemplo: passo por uma loja e vejo na vitrine um vestidinho preto, charmoso, e logo me imagino dentro dele: "Nossa, tenho uma festa na semana que vem! Este vestido vai ser ótimo! Vou causar o maior efeito!". Há toda uma elaboração mental em que você é ator, autor e diretor de sua própria história... E o consumo funciona como um detonador desse sonhar acordado.

> A grande diferença entre esse sonhar acordado e a fantasia – e é esse o grande atrativo – **é que a fantasia jamais se realiza.**

ZECA – Ele cria aquela história toda a partir daquela possibilidade? O ponto de partida, então, é o consumidor?
Lívia – Nessa perspectiva, o consumo é orientado de dentro. Portanto, levando esse raciocínio às últimas conseqüências, como abordo em *Sociedade de consumo*, essa abundância de bens materiais abre uma avenida para o autoconhecimento, na medida que tenho sempre a possibilidade de testar aquilo e, vendo se

gostei, se não gostei, descobrir uma coisa nova sobre mim mesma. Neste contexto, o papel do *marketing* como manipulador ou indutor de necessiades praticamente desaparece. A intenção de consumir partiria de dentro do sujeito, motivado por toda uma imaginação auto-ilusiva.

ZECA – Mas ficar constantemente nesse plano do sonhar não pode ser também frustrante?
Lívia – A grande diferença entre esse sonhar acordado e a fantasia – e é esse o grande atrativo – é que a fantasia jamais se realiza. Por quê? A fantasia não tem compromisso com a realidade, mas o material do "sonhar acordado" é a vida cotidiana. Os personagens da vida cotidiana e os eventos que estão entrelaçados nesse cotidiano têm uma possibilidade real de acontecer – e isso é sedutor...

ZECA – Voltando então ao vestidinho preto: ela compra, vai à festa, arrasa e fica feliz?
Lívia – A sedução está na possibilidade de que aquilo que ela imaginou aconteça. Por quê? Nesse mecanismo, você é autor, ator e diretor da história. E tira prazer disso! Você monta e remonta a história várias vezes, construindo diferentes cenários e situações. É um prazer oriundo das emoções, e não dos sentidos.

ZECA – Fico com a impressão de que, da maneira como as pessoas consomem no Brasil, esse sonho fica ainda mais acessível... É só parcelar...
Lívia – Certamente. O parcelamento das compras – a famosa prestação brasileira – permite que as pessoas realizem vários desejos simultaneamente e ajuda a democratização do consumo de determinados produtos. Se quero comprar uma bolsa que custa

R$ 1.800 (provavelmente o valor do meu salário), posso parcelar a compra em dez vezes de 180... Por que faço isso? O brasileiro raciocina por fluxo de caixa. A lógica é a seguinte: se dá dentro do meu salário mensal, eu levo.

ZECA – E adora "sonhar acordado"...
Lívia – Vou dar um exemplo. As mulheres têm um hábito que os homens odeiam. Quando compram uma roupa nova, chegam em casa, põem o vestido, os sapatos, os brincos, e vêm para a sala perguntar ao marido o que ele achou. O marido, para se livrar daquilo, diz: "Ah, tá ótimo". Mas a gente sabe que, para ele, tanto faz!

ZECA – Ele não tem paciência...
Lívia – Por isso a mulher gosta de fazer isso com outra mulher. A outra mulher diz: "Não, querida. Vai lá, troca. Acho que esse ficou melhor que aquele...". É um ritual de ensaio dos efeitos do sonho imaginário. Causar impacto numa festa pode ser um sonho medíocre, banal, mas que mal existe nisso? Se você avaliar a qualidade desse sonho, vai olhar o consumo de uma forma moralizante. Acho que a melhor abordagem é olhar aquilo como uma informação, um dado etnográfico acerca de como as pessoas manipulam e se relacionam com o mundo material e organizam a sua realidade. Quem vê o consumo como algo altamente negativo tem sempre um ponto de vista altamente moralizante. É como se consumíssemos apenas para os outros. Isso é um engano. Grande parte daquilo que se consome é consumido na intimidade – fora do espaço público – e tem a intenção de satisfazer desejos, fornecer conforto e bem-estar, organizar materialmente a existência, entre outros objetivos.

ZECA – Existem bens de luxo que escondem a etiqueta... Só quem sabe que aquela peça de roupa custou caro é a pessoa que a comprou. Mas o preço – pelo menos essa é a justificativa pessoal – se justifica pela qualidade do produto...

Lívia – Essa é uma tendência do consumo contemporâneo. Você se foca muito mais no prazer pessoal, privado, do que na exposição do bem. Por isso é que se busca qualidade de vida, conforto, qualidade do material, a sensação que o contato físico com certas coisas nos dá... O carro, por exemplo, começa a ter uma outra dimensão além da simples exposição pública: adquire a dimensão de extensão do lar, um local para onde você quer levar o conforto que tem dentro de casa, porque dentro do carro você está fazendo muitas coisas atualmente, até mesmo trabalhando.

ZECA – A realização dessa fantasia é então muito pessoal?
Lívia – Totalmente pessoal. Consumimos muitas coisas das quais ninguém nunca fica sabendo. Então, essa idéia de que hoje as pessoas consomem só por *status* é um equívoco. E esse *status* é visto como uma coisa negativa, como se eu quisesse impressionar o outro de uma forma inadequada. E aqui existe algo contraditório. Impressionar o outro, buscar seu reconhecimento e sua admiração, diz respeito a sentimentos, e não à materialidade. Querer impressionar o outro é uma coisa tão negativa assim?

ZECA – O consumidor brasileiro vai chegar, um dia, ao ponto de saturação descrito por Schwartz?
Lívia – Acho que não, porque não temos essa ideologia de autonomia de escolha pessoal radical como um princípio da nossa existência. Não esperamos contar apenas conosco na vida...

O LIVRO DO FILÓSOFO GANENSE KWANE ANTHONY APPIAH SOBRE "COSMOPOLITANISMO" FOI A INSPIRAÇÃO PARA "NOVOS OLHARES". POR ISSO, DE CERTA MANEIRA, pareceu natural que ele fechasse a série ao lado do psicanalista e sociólogo Roberto Gambini. Celebrando o diferente – o pensamento, a cultura –, celebramos também nossa diversidade como seres humanos – uma diversidade que, como esclarece Gambini, o brasileiro ainda tem muita dificuldade em aceitar. Que seja esse então um bom começo. E, para tornar o convite ainda mais acessível, levamos uma

multiculturalismo
Se todos fossem iguais a você...

família carioca para uma convivência com uma tribo xavante no interior de Mato Grosso. A troca espontânea entre os índios e os Tibau – Pedro e Marli, os pais, e Luana e Pedro, os filhos de 11 e 5 anos – provou ser uma experiência riquíssima, capaz de driblar qualquer prejulgamento cultural. "Mesmo com as diferenças, encontramos um meio de nos comunicarmos muito bem", disse Marli. É no nível do indivíduo, como diz Appiah, que se dão as trocas mais importantes. E, segundo Gambini, não há troca sem diferença. Que ela seja sempre celebrada.

KWAME ANTHONY APPIAH nasceu em Londres, mas mudou-se ainda criança para Gana, onde seu pai, Joseph Emmanuel Appiah, foi membro do Parlamento, embaixador e presidente. Kwame iniciou seus estudo em Gana, mas fez seu bacharelado e mestrado em filosofia na Universidade de Cambridge, em Londres. Lecionou nas universidade americanas de Yale, Cornell, Duke e Harvard e deu conferências em muitas outras instituições nos Estados Unidos, Alemanha, Gana e África do Sul. Atualmente, é membro do departamento de filosofia da Universidade de Princeton. Em 1992, publicou *Na casa de meu pai*, que trata entre outros temas, do papel dos intelectuais africanos e afro-americanos na vida cultural contemporânea da África. Sua área de interesse abrange ainda ética, filosofia, religiões africanas tradicionais e fundamentos filosóficos do liberalismo. Entre seus vários livros publicados incluem-se *Thinking it through, The ethics of identity* e *Cosmopolitanism: ethics in a world of strangers*.

ZECA CAMARGO —Somos uma cultura muito jovem e temos consciência das inúmeras influências que nos formaram. Como suas idéias sobre multiculturalismo podem se aplicar ao Brasil?
Kwame Anthony Appiah – Acho que todas as culturas são jovens, mesmo as antigas. Culturas se modificam o tempo todo. A cultura chinesa, por exemplo. A China de hoje não é a mesma de dez ou vinte anos atrás, e certamente não é o que era há quatrocentos anos, ou há três mil anos, período em que começamos a pensar na civilização chinesa. Todas as culturas estão sendo construídas o tempo todo. A cultura do Brasil tem seu início na história da nação, que ocorreu, no momento histórico, quinhentos anos atrás. Cresci em Gana, onde a história começou somente em 1957, mas demos um jeito de preencher esses cinqüenta anos. Uma das vantagens de viver no novo mundo (América, Austrália, Nova Zelândia), em lugares onde a maioria sabe de onde seus ancestrais vieram (depois de Colombo), é que ninguém pode dizer que essa é sua terra de fato, seu chão. Os únicos que podem fazer isso são os primeiros habitantes, os ameríndios. Então, acho que todos têm um pouco de tudo. Acho que no Brasil é meio óbvio que a cultura veio de muitos lugares. Vocês têm componentes africanos, claro que têm componentes ibéricos e são influenciados pelos países de língua inglesa. Vocês não podem negar isso, não podem fingir que isso não está acontecendo. Fico imaginando como seria uma cultura pura, que não tivesse nada da África, nada da Espanha, de Portugal. Por que se faria isso? Para quê?

ZECA – A certa altura do seu livro, você diz que procurar as origens de uma cultura é como descascar uma cebola. Onde é que se pára? Onde está a cultura "pura"?

Appiah – Não há cultura "pura". Nem mesmo as culturas dos índios da Amazônia. Eles se modificaram ao longo dos anos devido à colonização. Também se misturaram. Nos dias de hoje, tudo fica ainda mais complicado. Em um país que tem uma cidade como São Paulo, com 30 milhões de pessoas, como se pode dizer: "Vamos ser autênticos" ou coisa parecida? Mas parte das pessoas quer manter as coisas "puras". Só que precisamos lhes perguntar até que época querem retroceder no tempo. É um movimento retroativo necessário. Falar de pureza é dizer: "Queremos voltar a um tempo passado, dez anos atrás, duzentos anos atrás". As pessoas modificam as coisas porque querem, e isso sempre aconteceu.

ZECA – E essas mudanças acontecem sempre em mais de um sentido, correto?
Appiah – Eu gostaria de ver, no mundo, mais correntes de ida e volta. Há muitas correntes em uma só direção. Os americanos sabem menos sobre o Brasil do que os brasileiros sobre os Estados Unidos. Isso se aplica não só ao Brasil, mas a vários países do mundo. Isso não é bom para os Estados Unidos. A vida intelectual e a cultura americana seriam mais ricas se os americanos soubessem mais sobre outros lugares. Vocês, brasileiros, têm coisas que eles poderiam desfrutar, mas não o fazem porque não as conhecem suficientemente. Vocês têm uma literatura fantástica, mas nem tudo é traduzido para o inglês porque seus escritores não são conhecidos. Vocês têm bons filmes, mas a maioria dos americanos provavelmente só sabe citar um ou dois deles.

ZECA – *Cidade de Deus*?
Appiah – *Cidade de Deus*, sim. Pessoas muito sofisticadas lembra-

riam um filme baseado numa história de Jorge Amado. Ele já foi traduzido, embora em pequena escala. Enfim, acho curioso que, no Brasil, pessoas que têm a vantagem de buscar idéias também em outros lugares do mundo, porque sua cultura é curiosa e aberta, digam que a cultura deveria deixar de ser curiosa e se fechar. Novamente eu pergunto: por quê? O que se vai conseguir com isso? Não há razão em buscar a pureza só pela pureza. Porém, acho perfeitamente aceitável não gostar da influência americana, não porque ela venha dos Estados Unidos, mas porque é vulgar, racista, idiota ou por alguma outra boa razão. Há muitas boas razões para se rejeitar algo, mas o fato de ser americana, francesa ou espanhola não parece ser motivo suficiente para se rejeitar alguma coisa. Se você deseja reclamar das influências da cultura americana, reclame da violência, ou da vulgaridade. Reclame de algo real, e não somente pelo fato de ser americana.

ZECA – O discurso geralmente é contra a cultura dos Estados Unidos, mas talvez as pessoas tenham problemas com tudo que é estrangeiro. O multiculturalismo, claro, não acha que isso seja uma ameaça...

Appiah – Não. Acho que não. Pense nos lugares que foram excitantes na história do mundo: Atenas no quinto século antes de Cristo, Veneza na Renascença, Londres no século 19, Nova York no século 20, talvez São Paulo no século 21. Por que são (ou foram) lugares excitantes? Cada um deles fica num entroncamento. Atenas, por exemplo, fica no cruzamento entre África, Europa e o Oriente. A grande pergunta de muitos filósofos gregos era: "O que é cultura e o que é natureza?". Porque eles estavam diante de todas as culturas que conheciam e sabiam exatamente qual era a cultura deles, uma cultura que estava sempre se modificando porque sofria influências. Então, eles perguntavam o que era universal e o que era particular, o que era ateniense e o que não era – e isso deu início à filosofia ocidental. De Veneza, a arte, a música, a pintura, as esculturas, a arquitetura; a seda da China, o chá da Índia... Depois, Londres, centro de um grande império, com influências da Índia, das Américas, todas chegando e transformando a cidade num lugar excitante. E foi nesses lugares que as grandes mudanças aconteceram, onde coisas de grande valor foram feitas através desse intercâmbio. Se tivermos que nos preocupar com algo, acho que seria com outra coisa: haverá diferença suficiente entre todos os lugares do mundo daqui a cem ou quinhentos anos, para que haja aquele tipo de contato, de conflito, que faz o trabalho criativo acontecer?

ZECA – Não é isso que os defensores da pureza mais temem? Que não haja diferença?

Appiah – Sim, e eu gostaria de dar certeza a eles. O Brasil não é o que era cinqüenta anos atrás. Os Estados Unidos não são os mesmos de cinqüenta anos atrás, nem Gana. Mas todos se renovaram a cada transformação. Um país não se transforma em outro. Sempre haverá novas fontes de transformação e as velhas desaparecerão. E é bom que algumas desapareçam. Por exemplo, em muitos lugares do mundo as pessoas eram açoitadas em público por crimes cometidos. Isso ainda acontece aqui e ali. Mas em muitos lugares essa prática foi abolida, e essa é uma das boas modificações. Há um século, em muitos lugares do mundo havia escravidão, e agora todos concordam que foi um erro. Não há país que não concorde com isso. Há lugares que defendem o açoite, mas não a escravidão. Havia no mundo uma diferença criada pela negação das qualidades das mulheres. Bem,

> Haverá diferença suficiente entre todos os lugares do mundo daqui a cem ou quinhentos anos, para que haja aquele tipo de contato, de conflito, **que faz o trabalho criativo acontecer?**

não fazemos mais isso, muito, hoje em dia. Embora essa negação continue existindo em alguns poucos lugares, há nesses lugares pessoas que são contra isso, pessoas que estão indo na direção certa. Novamente, não se deve defender qualquer diferença. Algumas diferenças são ruins, outras são positivas, e essas estão aparecendo o tempo todo, porque somos uma espécie muito criativa.

ZECA – Como as pessoas modernas podem se adaptar a essas mudanças, já que elas estão acontecendo tão rapidamente?
Appiah – Essa é a real questão. Podemos parar tudo? Não. Devemos parar? Acho que não. Como lidar com isso?. Há quem não goste de mudanças, venham de fora ou não, e tem esse direito. Nos Estados Unidos, existem os *amish*, por exemplo, que não usam carros, eletricidade, nem dinheiro, mas são fazendeiros, constroem suas casas, vão à igreja todos os dias e acreditam que é dessa forma que Deus quer que eles vivam. Ninguém tenta impedi-los, desde que não infrinjam a lei – o que raramente fazem.

ZECA – E a poligamia?
Appiah – A maioria aboliu a poligamia. Se eles vivem com mais de uma mulher, não há problema, desde que não se casem com mais de uma. Os *amish* são pessoas que decidiram desacelerar o ritmo das mudanças. A única restrição que eu teria sobre comunidades desse tipo seria a falta de liberdade de escolha das crianças. Eles não têm o direito de forçá-las a viver como seus pais. E elas até dão esse direito a suas crianças. Os *amish*, por exemplo, acreditam que seus filhos, quando chegam a 16 ou 17 anos, devem escolher se querem sair para o mundo. E podem retornar, se quiserem. A maioria volta. Não estou dizendo que seja perfeito, mas eles respeitam uma questão fundamental: podemos não gostar de mudanças, mas nossos filhos talvez as desejem, e, se as desejam, têm o direito de tê-las. Meu fundamento é bem simples: as pessoas são responsáveis por sua vida. Cada um deve decidir o que quer ser e fazer – mas claro que isso depende de outros quererem participar ou não. Uma das grandes vantagens de viver em sociedades modernas, como o Brasil ou os Estados Unidos, é que existe uma grande gama de opções, todos os tipos de comunidades. Você quer ser católico? Você pode. Quer ser da Igreja Pentecostal? Você pode. Quer praticar sua própria religião? Você pode. Só temos de nos preocupar com o equilíbrio. Precisa existir um sistema político que garanta que eles sejam capazes de viver juntos.

ZECA – O que não é exatamente fácil...
Appiah – Não sei, mas parece que as pessoas estão conduzindo tudo muito bem. No meu livro, descrevo uma cena em que um soberano tradicional do meu país de origem, Gana, está presente, vestido em peles de animais selvagens e outros adereços tradicio-

nais, e cercado de pessoas de *jeans* e celulares nos bolsos, que torcem pelo Manchester United, que conhecem os clubes brasileiros de futebol, que estão por dentro do que acontece no mundo todo, mas seu mundo em particular mudou sem que eles se dessem conta. Eu cresci nesse lugar. Minha tia-avó se casou com o rei de lá quando eu nem havia nascido. Eu costumava ir ao palácio real. Observei aquele lugar por quarenta anos, e ele está muito diferente, mas eles defendem o que fazem hoje como sendo tradição. Não é mais como era há quarenta anos. Mudou e está diferente. Mas ainda é a cultura daquele lugar. Acontece com qualquer país.

ZECA – Você é uma exceção, porque viveu entre duas culturas diferentes e tem uma visão clara de tudo. Na América talvez haja algo semelhante.
Appiah – A grande virtude deste país é que as pessoas estão sempre vindo para cá, de todos os lugares, e aprendemos um pouco com os imigrantes e com os turistas, mas uma parte dos americanos não é suficientemente curiosa para saber sobre o resto do mundo. Se bem que há pessoas em todos os lugares que não têm curiosidade sobre o resto do mundo.

ZECA – Uma das colocações mais interessantes do seu livro, que me abriu os olhos, é que certas pessoas, em algumas culturas bastante tradicionais, não confiam na medicina moderna porque preferem acreditar nos seus curandeiros espirituais, nos seus espíritos...
Appiah – A questão é convencer as pessoas. No livro, conto um caso – que não sei se é verídico – de uma missionária que foi a um vilarejo na Nigéria onde as crianças estavam morrendo devi-

do à ingestão de água contaminada. Ela disse a todos que minúsculos "bichinhos" invisíveis é que estavam matando as crianças. Ninguém acreditou nela. Pensaram que ela era maluca, pois não conseguiam ver nada. Para eles, a água estava clara e limpa. A missionária foi embora, e as crianças continuaram morrendo. Então, ela resolveu dizer a eles que colocaria a água no fogo para ferver e apareceriam bolhas, e que tais bolhas eram os espíritos do mal que estavam saindo, e que, assim, a água ficaria boa. Eles acreditaram e as crianças ficaram bem. A missionária não precisou acreditar no que dizia, mas as pessoas que a ouviram, sim. Isso é o que importa. Houve uma escolha. Ou ela tentava explicar sobre biologia ou salvava as crianças. O que importava era salvar as crianças.

ZECA – Daí podemos tirar outra lição importante do seu livro, quando você fala que o importante é a ligação entre duas pessoas. Não exatamente entre duas culturas. Primeiro as pessoas se conectam, e depois tentamos compreender o resto do sistema.
Appiah – A importância está na interação das pessoas, e não na nacionalidade delas. Você não está representando a cultura brasileira, nem eu a cultura de Gana. Você é você, e eu sou eu. Trazemos tudo o que somos para a nossa conversa. Posso falar com você sobre coisas que não poderia falar com muitas outras pessoas brasileiras, nem com americanos ou ganenses. Mas há coisas das quais posso falar com eles, e não com você. Como você passou um tempo pensando sobre filosofia, temos isso em comum e podemos dividir nosso conhecimento. O mundo está cheio de pessoas que não têm esse conhecimento, e portanto não poderei falar com elas sobre esse assunto. Uma conversa se dá entre pessoas, não entre civilizações, entre religiões ou entre países. É en-

A importância está na interação das pessoas, e não na nacionalidade delas. Você não está representando a cultura brasileira, nem eu a cultura de Gana. Você é você, e eu sou eu. Trazemos tudo o que somos para a nossa conversa. Posso falar com você sobre coisas que não poderia falar com muitas outras pessoas brasileiras, nem com americanos ou ganenses. Mas há coisas das quais posso falar com eles, e não com você.

tre pessoas. Somos todos complexos. É quase impossível, no mundo moderno, achar duas pessoas que não tenham nada a compartilhar. E esse é um ponto de partida. Duas mulheres que sejam mães têm sempre algo a compartilhar. Podem conversar sobre mamadeiras, aleitamento materno.

ZECA – Podemos falar sobre um jogo recente entre as seleções do Brasil e de Gana.
Appiah – Sim, podemos falar sobre futebol. Esse é um exemplo que se aplica a nós, mas que não se aplica aos americanos, porque eles não entendem quase nada desse tipo de futebol. Temos que nos lembrar disso. Se você está representando uma civilização e acha que cada civilização representa um conjunto diferente de princípios incompatíveis, então você vai imaginar que nada de bom poderá surgir quando estiverem em contato. Você, que viaja pelo mundo, não leva muito tempo para se adaptar, certo? O ser humano pode fazer uma variedade enorme de coisas só pelo fato de ser humano.

ZECA – Estamos saindo um pouco da discussão, mas a pergunta é irresistível: a internet ajuda nesse aspecto?
Appiah – Acho que sim. A lição sobre isso é: devemos ser cosmopolitas. O "cosmopolitanismo" é um ponto de vista segundo o qual somos todos membros de uma única sociedade moral. A responsabilidade é de cada um, de humano para humano, sem que tenhamos quer ser iguais. As pessoas podem ser diferentes, mas você não pode compartilhar com os membros da comunidade se vocês não se conhecem, e essa é uma das coisas que a internet faz. Você pode saber o que se passa no mundo. Hoje, em todos os vilarejos de Gana existe um computador ligado na rede, e

tenho certeza de que o mesmo acontece no Brasil. Podemos conhecer coisas curiosas sobre comunidades pequenas no mundo todo. A curiosidade é satisfeita.

ZECA – Você acredita na curiosidade cosmopolita?

Appiah – Sim, acredito. Quando você está ciente de todas essas possibilidades é que você se torna menos propenso a acreditar que tem todas as verdades. O cerne da curiosidade cosmopolita é que podemos aprender algo com alguém diferente de nós, porque, mesmo que essa pessoa esteja errada sobre algo, sei que também estou. Talvez ela possa me corrigir, e eu a ela. Daí, podemos seguir em frente juntos.

ZECA – Relativismo?

Appiah – Seria assim. Se você tem a sua verdade, e eu a minha, não há lugar para conversa. Posso ir para o seu lado, mas não haverá nada a ser dito. Mesmo que eu vá para seu lado, não haverá argumentos nem razões. Pessoas relativistas vivem em mundos diferentes, que não têm nada a ver com o mundo dos outros. Não podemos pensar assim num mundo como o nosso. Ninguém pode fazer uma economia de sucesso se não negociar. Não haverá ciência moderna sem uma abertura a novas idéias. Não se pode enfrentar os problemas do meio ambiente se continuarmos ignorando que nosso país e o país vizinho se poluem mutuamente. Tudo está conectado, e acho que a internet significa que estamos conectados pelas idéias.

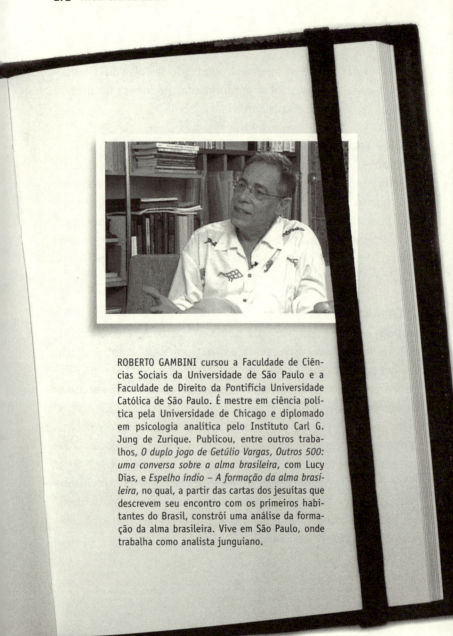

ROBERTO GAMBINI cursou a Faculdade de Ciências Sociais da Universidade de São Paulo e a Faculdade de Direito da Pontifícia Universidade Católica de São Paulo. É mestre em ciência política pela Universidade de Chicago e diplomado em psicologia analítica pelo Instituto Carl G. Jung de Zurique. Publicou, entre outros trabalhos, *O duplo jogo de Getúlio Vargas*, *Outros 500: uma conversa sobre a alma brasileira*, com Lucy Dias, e *Espelho índio – A formação da alma brasileira*, no qual, a partir das cartas dos jesuítas que descrevem seu encontro com os primeiros habitantes do Brasil, constrói uma análise da formação da alma brasileira. Vive em São Paulo, onde trabalha como analista junguiano.

ZECA CAMARGO – De que maneira você acha que temos o potencial de viver a experiência do multiculturalismo descrito por Appiah?

Roberto Gambini – Nós, brasileiros, não temos uma consciência muito clara do que seja o multiculturalismo, mas nosso país é na verdade um viveiro de diferenças, desde as espécies da fauna e da flora e diversificadas regiões geográficas até nossa enorme variedade humana, cultural, religiosa e lingüística. Nosso país é politeísta e polimorfo. Não é um bloco homogêneo, pois tem muitas faces diferenciadas, como as de um cristal. É um país onde tudo se mistura desde o começo de sua formação – o que deve ser encarado como uma grande riqueza. Se não estou enganado, o Brasil abriga dois terços de toda a biodiversidade do planeta. Se por uma infeliz casualidade viessem a desaparecer espécies de outros países, aqui estaria preservada (se de fato preservada for) uma fantástica amostragem da vida nesta Terra. O importante nessa questão é nossa percepção valorativa: não estamos falando apenas da vida biológica, mas da diversidade de tipos humanos, culturas, mentalidades, comportamentos, expressões artísticas, formas de viver e sentir a vida. Essa diversidade toda é um tesouro incomensurável. O problema é que não sabemos atribuir a devida importância a esse fenômeno extraordinário. Parece que a maioria de nosso povo não tem essa noção incutida na consciência, e nossa avaliação positiva sempre foi distorcida pela questão da mistura, que em nosso pensamento coletivo evoca a idéia de inferioridade.

ZECA – Algo de que o brasileiro se envergonha?
Gambini – A vergonha que sentimos de sermos como somos, em tudo mestiços até a raiz dos cabelos, evoca inconsciente-

mente a idéia de falta de pureza e de valor. Aí é que se localiza o problema de nossa auto-representação mental.

ZECA – Por que o mito da pureza é tão importante para o brasileiro?

Gambini – Exatamente porque é um mito perigoso, porque leva diretamente à idéia da superioridade alheia. Depende de qual pureza estamos falando, e se ela é mítica ou não. Existe, sim, uma pureza que gera superioridade: a do diamante sem jaça, a da água impoluta, a da forma perfeita. Mas é um absurdo transpor essa noção para a avaliação do fenômeno humano, especialmente quando aplicada a raças, culturas ou religiões. O ser humano não é um mineral, não é uma forma inerte; na verdade, apesar de sermos 6 bilhões, não há dois indivíduos iguais! A diferença é a marca do humano, mas não implica jamais a existência de superioridade ou inferioridade, até porque, como a genética recentemente demonstrou, "raça" e seus derivados são construções de nossa mente. O padrão avaliativo que se tem aplicado às manifestações humanas é que tem que ser mudado, abandonando-se teorias preconceituosas e cientificamente incorretas sobre a suposta superioridade de certas características sobre outras. Nosso maior desafio é a evolução de nossas idéias rumo à aceitação e à valorização das diferenças num convívio democrático.

ZECA – Mas, no Brasil, isso não foi copiado de um modelo europeu?

Gambini – Certamente. Essa ideologia eurocêntrica está na base da nossa formação desde o século 16, com a suposta superioridade do elemento branco conquistador sobre as populações indígenas. Uma idéia perniciosa atravessou os cinco séculos de nossa história e ainda deve estar operante em algum canto obscuro do imaginário coletivo: a de que a miscigenação entre brancos, índios e negros acarretaria um gradual branqueamento, correspondente a uma "evolução" para esses contingentes humanos tidos tacitamente como inferiores, menos capazes, menos inteligentes, etc. Essas idéias, que já constam das cartas dos primeiros jesuítas que vieram ao Brasil, acabaram vingando e se mantendo naquelas áreas de nosso pensamento nas quais muitas vezes deixamos de fazer uma faxina crítica. É por isso que sobrevivem esses ranços absolutamente anticientíficos, verdadeiros erros de avaliação, que ainda geram preconceito, exclusão, estigmatização e vergonha.

ZECA – Por que temos essa vergonha no Brasil?
Gambini – O surgimento do povo brasileiro, assim como de outros povos latino-americanos, ocorreu num momento histórico específico do século 16 em que duas partes diametralmente opostas da humanidade se encontraram: o povo ibérico, carregado de energia vital e ansiando por expandir seus territórios, e povos milenares que ocupavam as Américas e se relacionavam com o meio ambiente e com a vida de uma maneira totalmente distinta, já que sua psicologia e sua visão de mundo não se baseavam na racionalidade e no dogma cristão, como era o caso de portugueses e espanhóis. Esse encontro portentoso entre dois grupos humanos de orientações distintas gerou povos híbridos a partir da subordinação violenta do ameríndio ao europeu, impondo-se os valores e interesses da civilização branca às custas da negação de valores humanos dos povos indígenas, que só muito recentemente começamos a reconhecer em toda a sua amplitude. Como bem disse o grande antropólogo Darcy Ribeiro, o pai do povo brasileiro é branco, mas a mãe que o gerou é índia. O filho desse casal

fundador é um mestiço bastardo, um Zé Ninguém existencialmente desorientado, porque não podia identificar-se nem com o pai, que o desprezava, nem com a mãe, uma vencida. Nossos ancestrais eram homens e mulheres que não sabiam muito bem quem eram, de onde vinham, a que pertenciam e que rumo histórico poderiam seguir. O rebaixamento da figura materna, levado ao extremo pelos colonizadores, implanta desde a origem a questão da inferioridade e da vergonha. Isso gerou, na nossa sensibilidade coletiva, o sentimento de que nossa gente tem uma origem desprovida de valor, sem grandeza nenhuma, sem nada que possa alimentar o mínimo traço de orgulho. Os milhares de mães índias foram condenadas ao esquecimento e ao desconhecimento. Foi somente na segunda metade do século 20 que antropólogos e historiadores, e mais recentemente psicanalistas, entre os quais me incluo, começaram a escrever uma história nova e a ressaltar as altas conquistas culturais e humanas dos antigos habitantes de nossa terra. A compreensão dos valores até recentemente negados e de sua função na mistura brasileira é fundamental para a evolução de nossa consciência sobre quem somos e o que valemos. Novos olhares são mais do que nunca imprescindíveis nessa área – olhares que percebam com clareza que a diferença é criativa e não implica superioridade ou inferioridade.

ZECA – Mas não há um mito de que no Brasil as raças, as culturas, convivem de maneira harmoniosa, pelo menos na superfície?
Gambini – Sim, um mito que só é percebido e parece real quando visto de fora. Muitos visitantes estrangeiros costumam ter a seguinte percepção: "Que bonito o que acontece no Brasil! Vocês têm árabes e judeus morando juntos e ninguém briga. Casa-

> No fundo, ainda nos sentimos incômodos com a diferença: "Ah, se o mundo fosse um espelho, se todos fossem iguais a mim..."
> Ao que eu diria:
> # "Que tédio!"

mentos mistos, uma população descendente de índios que se misturou com negros, italianos, alemães... O Brasil é uma democracia racial!". Este é o relato mítico de uma realidade vista de raspão, e apenas de fora. Por que isso não é inteiramente verdade? Porque o Brasil é um dos países mais injustos do mundo, com um dos maiores índices de concentração de riqueza nas mãos de uma parcela ínfima da população, com uma massa imensa de despossuídos, desprovidos das mínimas oportunidades de melhoria de seu parco quinhão de vida. É como se todos os deserdados do Brasil no fundo merecessem menos por valer menos. Isso só vai mudar quando passarmos a olhar o próximo com olhos compassivos, que compreendam a diferença como portadora de valor e de desenvolvimento. No fundo, ainda nos sentimos incômodos com a diferença: "Ah, se o mundo fosse um espelho, se todos fossem iguais a mim..." Ao que eu diria: "Que tédio! Se o mundo todo fosse igual a mim, com quem eu teria o que trocar?". Entre iguais, tudo está garantido, mas então já não podemos falar em mudança, em troca ou em evolução.

ZECA – E a troca deve existir...
Gambini – É esse o desafio que nos toca elaborar. O amor se

nutre da diversidade do outro em relação a mim. Amor não é fusão, é aceitação daquilo que não sou eu. Se todos fossem iguais, não seria necessária grandeza alguma, apenas uma boa acomodação. O Brasil é um país que clama por um amor generoso pelo diferente e por uma compreensão da riqueza que nasce da alquimia das diferenças. Mas nada disso está muito claro em nossa mentalidade coletiva. Falta foco, faltam linhas que aprofundem e direcionem essa reflexão. Ainda não descobrimos que aprender a respeitar e conviver com diferentes maneiras de ser nos faz crescer como seres humanos.

ZECA – Mas você acha que caminhamos para isso?
Gambini – Em parte, sim, porque o povo brasileiro está se expressando de maneira cada vez mais corajosa. Os excluídos, os banidos e os zés-ninguém de hoje já começaram a mostrar a todos onde lhes dói a ferida. Ao se expressar dessa forma afirmativa, o povo brasileiro vem criando mais cultura, mais opinião, mais estética, mais ética, mais formas novas de vida e de pensamento. A camada privilegiada, que sempre quis manter o diferente no seu lugar, teme.

ZECA – A primeira reação ao diferente é de medo?
Gambini – A primeira reação é de medo e de manter as separações. Mas essa resistência está sendo vencida pela própria força da alma brasileira, muito fértil no quesito de criar e inventar formas de ser e de viver.

ZECA – Você me parece bastante otimista... Será que o Brasil não está dividido demais entre o ultramoderno e o fundão de quintal, e isso nos impede de ter um grande avanço?

Gambini – Esse abismo é mantido pela falta de acesso à educação. Os estudos do IPEA (Instituto de Pesquisa Econômica Aplicada) revelaram de maneira incontestável que a educação é a única coisa que pode promover a ascensão social da próxima geração das camadas menos favorecidas – e sabemos que o nível educacional do Brasil é um dos piores, e mais restritivos, do mundo. Esse é um dos nossos maiores desafios: uma nova política educacional que de fato gere mudança social. Há décadas os sociólogos discutem a existência de dois Brasis: um arcaico convivendo com um moderno, de portas fechadas para o primeiro. Mas, devido à expansão da informação, mais e mais pessoas sabem da existência desse Brasil de privilégios e começam a disputar seu direito de entrada – por vias legítimas, às vezes lentas e penosas demais, ou por vias radicais e ilegítimas. Em parte, a violência que nos assola tem origem nessa frustração, nessa negação cabal da possibilidade de ingresso no mundo do trabalho dignamente remunerado e do crescente conforto. Um segmento urbano da sociedade brasileira – e aí entram a influência de estruturas patológicas de personalidade, histórias de privação afetiva, de abuso, falta de acolhimento e da experiência de pertencimento, etc. – opta pela violência como meio de consecução de objetivos basicamente inatingíveis.

ZECA – Mas, resolvidas as diferenças, o brasileiro pode voltar a querer abraçar a cultura que, como você disse no início da nossa entrevista, ele negou? É possível trabalhar essa diferença cultural?
Gambini – Nós, brasileiros, temos que saber quais são nossos desafios, quais são os temas de discussão realmente importantes para o nosso desenvolvimento. E qual é nosso principal desafio?

É aprofundar a consciência coletiva de nossa identidade única a partir de uma compreensão mais psicológica do processo histórico que a engendrou. A riqueza e a diversidade de nossa herança cultural permitiram a mistura e a interpenetração de elementos até mesmo opostos, que, reunidos em novas sínteses, podem produzir formas inusitadas de percepção do mundo, da vida e de seu sentido. As respostas para os problemas brasileiros virão do mais profundo do que há em cada um de nós – aliás, elas já estão lá, em estado latente, esperando serem trazidas à tona da consciência e incluídas no processo social de discussão livre e democrática de nossa problemática. Cabe a nós decidir o que fazer desse imenso país ainda mal formado e adolescente, desde que imperem a tolerância, o respeito e a compreensão do valor da diversidade, aliados a um gradativo nivelamento das terríveis diferenças sociais que deixam uma grande parte do nosso povo à margem da história. Só então será possível conceber uma verdadeira troca – de idéia e de valores culturais – entre iguais. Nesse dia poderemos dizer que a alma brasileira finalmente terá liberado todas as suas energias criativas e se afirmará perante o mundo no auge e na beleza de sua essência.

ZECA – Se isso acontecer, podemos ser finalmente reconhecidos como uma nação verdadeiramente multicultural?
Gambini – Certamente. Mas, como tenho insistido, há um longo caminho a ser percorrido pela nossa consciência até perceber o valor de elementos secularmente desprezados, a começar pela sabedoria da alma ancestral brasileira, que há mais de trinta mil anos, em nossa terra, vem criando um patrimônio de sensibilidade. Basta estudar um pouco e olhar com novos olhos a arte rupestre brasileira – por exemplo, as magníficas pinturas deixadas por

As respostas para os problemas brasileiros virão do mais profundo do que há em cada um de nós – aliás, elas já estão lá, em estado latente, esperando serem trazidas à tona da consciência e incluídas no processo social de discussão livre e democrática de nossa problemática.

nossos ancestrais nas paredes rochosas de tocas e cavernas na serra da Capivara, no Piauí – para nos darmos conta de que em nosso território está presente a certidão de nascimento da imaginação da espécie humana, o registro inequívoco do surgimento de rituais religiosos e da percepção da beleza e do símbolo. No entanto, como todos sabem, na época da Conquista os índios eram considerados seres ainda não humanos, desprovidos de alma... É preciso revalorizar o altíssimo nível das conquistas culturais de nossos povos nativos, como por exemplo a sábia relação entre mães e bebês e o processo geral de relacionamento entre pais e filhos, que evita todas as armadilhas criadoras das neuroses que afligem o homem moderno e o marcam desde a infância. Por que não nos interessamos e nos apropriamos de um saber que acompanha nossa herança genética? Multiculturalismo não é união sexual e procriação: é casamento de almas.

ZECA – Muita gente nem imagina que o índio tenha esse tipo de elaboração...
Gambini – Nossos povos indígenas resolveram muito melhor do que nós certos problemas humanos fundamentais que ainda nos deixam perplexos: como educar as crianças sem criar neuroses e patologias, como integrar os idosos na comunidade, como viver com pouco e se sentir pleno, como alegrar-se com a mera companhia do semelhante, como viver a vida sem ansiedade e sem sofrimento psicológico desnecessário, como sentir-se integrado a uma ordem cósmica. Há no Brasil um conhecimento milenar sobre a vida humana para o qual evitamos dirigir nosso olhar – ou, se o encaramos, imediatamente antepomos um preconceito que impede qualquer avanço de nossa percepção, qualquer renovação de nossos julgamentos negativos e es-

terilizantes. Há cinco séculos estamos jogando nosso ouro pelo ralo, como se fosse lata velha.

ZECA – Como seduzir uma pessoa comum a se interessar, a resgatar esse conhecimento, a perceber que ele é precioso?
Gambini – O brasileiro precisa ser educado para compreender o que significa riqueza humana, o que significa patrimônio milenar de sensibilidade. Se não percebidas em seu real significado, essas coisas não existem, não entram na consciência. A negação da alma brasileira, com todas as potencialidades de que é portadora, faz com que ela se cale, se recolha e se mantenha embrionária dentro de um casulo velho chamado subdesenvolvimento. É mais do que hora de abrirmos bem os olhos e começarmos a ver com o coração.

agradecimentos

Nunca a expressão "trabalho de equipe" fez tanto sentido para mim como nesse trabalho. Dezenas de pessoas se dedicaram por quase um ano para que o projeto "Novos Olhares" saísse de um rascunho de nomes de autores interessantes, se transformasse numa série de sucesso no *Fantástico*, gerasse um fórum de alcance internacional e se materializasse neste livro.

Quero aqui agradecer, em especial, a parte dessas pessoas que nos ajudaram a olhar as coisas de um jeito diferente, começando pelos dois grandes companheiros do dia-a-dia, Maria Luiza Silveira e Rafael Norton. Luiza, que assinou a produção e dividiu comigo a reportagem, nunca se mostrou menos que incansável na busca dos melhores personagens, que pudessem não só ilustrar as idéias que queríamos colocar no ar, mas também emocionar quem se envolvesse com elas. E Rafael, responsável por dar sentido ao que muitas vezes parecia um quebra-cabeça de pensamentos soltos, foi fundamental para o sucesso da série – e para a sanidade geral nos momentos de maior dúvida. Juntos, desenvolvemos longos e prazerosos (quando não acalorados) debates sobre o que queríamos com a série. E o resultado, sem sombra de dúvida, leva um pouco do DNA de cada um de nós.

Na coordenação de produção, Eduardo Salgueiro emprestou sua incrível capacidade de acomodar recursos (e bom humor) durante as gravações das reportagens nacionais. Também contamos com a experiência de Léia Paniz nos dois extremos do projeto: na organização das entrevistas internacionais, lá no início, ainda em meados de 2006, e, depois que a série foi ao ar, no fórum "Novos Olhares". Também na produção, Renata Chiara e Luigi Sofio, em Nova York, e Aline Pestana e Gonçalo Gomes, em Londres, nos ajudaram na conexão com os autores, sempre de agendas lotadas.

Eugenia Moreyra, na coordenação de séries do *Fantástico*, foi uma inspiração imprescindível durante toda a série, nas mais profundas "conversinhas", mas sobretudo em sua atitude sempre corajosa de "jogar a lanterna lá na frente do túnel escuro" (só ela vai entender as aspas...). A Luiz Nascimento, na direção do programa, além da generosidade de abrir um espaço como esse e da sua aposta infinita na ousadia, sou grato por insistir comigo, inúmeras vezes, que o trem, por mais alucinado que seja, tem que andar nos trilhos. Se não descarrilamos sequer um domingo, foi graças à sua preciosa (e sábia!) orientação. E agradeço ainda ao diretor da Central Globo de Jornalismo, Carlos Henrique Schroder, pela confiança de que poderíamos levar ao público um material diferente e desafiador sem colocar em risco a qualidade da informação que o público sempre procura nas nossas séries e reportagens.

Quero fazer ainda um agradecimento a Rodrigo Boecker, que, com sua sonorização, deu o clima perfeito para nosso material, que não poderia ter vindo de uma fonte melhor que uma afinada equipe de cinegrafistas. Obrigado também a eles, que, com suas imagens, não apenas registraram, mas transcenderam o que queríamos mostrar – em especial a José de Arimatéia, responsável por boa parte das entrevistas feitas no Brasil, e também a Edson Soh e Américo Figueiroa (São Paulo), Marconi Matos e Marcone Prysthon (Recife), Paulo Pimentel (Londres) e Orlando Moreira (Nova York). Ainda no "visual", foi importantíssimo o trabalho da editoria de arte da CGJ, coordenada por Flávio Fernandes – sob o comando de Alexandre Arrabal –, que, com uma linguagem inovadora, nos ajudou a realizar nossa intenção de mexer primeiro com o olhar de quem estava nos assistindo, para depois levar essa mudança a outro nível: o do pensamento.

Quanto a isso, tenho que agradecer a todos os entrevistados deste livro, que dedicaram seu tempo a expor suas idéias num programa de televisão. As dúvidas, sempre manifestadas, de que esse talvez não fosse o veículo ideal para essa discussão, foram dissipadas não só pela competência de toda a equipe, ma também pela clareza com que os conceitos foram apresentados. Todos vocês agregaram um valor inestimável a um formato que, até hoje, precisa provar que pode (e deve) ir além da superficialidade.

Mas ainda: todas essas idéias não teriam sido tão valiosas se não encontrássemos, na vida prática, personagens que as representassem e as ampliassem. Assim, reservo ainda um agradecimento especial a todos os que participaram das doze reportagens de "Novos Olhares": Alun Rees e seus pais, Dylan e Antonia Rees (no episódio "Vida digital"); ao psicólogo Paulo Cyrillo e à "eterna" campeã de No limite, Elaine de Melo ("Memória e imaginação"); à memória de dona Neuza Batista de Souza, à Carla Lucia Schuh e a seu filho Thiago August Coelho, e ao arquiteto Sérgio Rodrigues ("Arquitetura"); aos gêmeos

Cuco (Antônio Augusto Costa) e Dodo (Carlos Eduardo Costa), e aos pais de trigêmeos, Andréia Albuquerque Caiado e Marcelo Rubio Caiado ("Educação dos filhos"); a Heider Gonzaga e seus companheiros do grupo Rapaziada da Baixa Fria, Aspri Oliveira e Íris Alves, ao artista plástico Marcos Costa, ao Cássio Rodrigo, da Coordenadoria de Assuntos da Diversidade Sexual da Prefeitura de São Paulo, e ao publicitário Paulo Magalhães de Magalhães ("Minorias e direitos civis"); à diarista Nilza de Fátima Oliveira e à mãe do lama Michel Rinpoche, Bel César ("Religião"); à Maria Luiza do Nascimento e a seu filho Alcides do Nascimento Lins ("Felicidade"); aos biólogos Rita Mascarenhas e Douglas Zeppelini e ao surfista Valdir Silva ("Meio ambiente"); à jornalista Rosana Faria de Freitas, aos casais Tom Scheer e Luciana Chionan, Andréia Azevedo e Luiz Monteiro, e os bailarinos Agnaldo Bueno e Melissa Soares ("Sexo"); ao taxista José Antônio Nunes, ao flamenguista Leandro de Castro Magalhães e ao botafoguense Cristiano Araújo ("Física"); ao *office-boy* Wilson Rodrigues, à fotógrafa Tuti Freitas e à advogada Olívia Libório ("Consumo"); e ao casal Pedro Leuenroth Tibau e Marli Azevedo Tibau, mais seus filhos Pedro e Luana ("Multiculturalismo").

E ainda, pelo apoio à nossa produção nas gravações, alguns agradecimentos: professor Amaro Henrique Pessoa Lins, reitor da UFPE; Max Mu, diretor da ONG CAAC – Centro de Artes Alternativas e Cidadania; Edson Beiriz, administrador regional da Funai de Goiânia; Wagner Tramm, indigenista da Funai; José Outeiral, psiquiatra, especialista em adolescentes; Zan Mustacchi, geneticista e pediatra; Coordenadoria de Assuntos de Diversidade Sexual da Prefeitura de São Paulo; Guarda Civil Metropolitana (São Paulo); Brasil Soka Gakkai Internacional (BSGI); administração do Estádio do Maracanã; Museu de Arte Moderna do Rio de Janeiro; Coordenação do Curso de Design de Games da Faculdade Anhembi-Morumbi; Departamento de Neurologia da Universidade de Campinas; Universidade de São Paulo; Coordenação dos Programas de Pós-Graduação e Pesquisa de Engenharia (COPPE/UFRJ).

Para terminar, não posso deixar de agradecer à Central Globo de Comunicação, no seu importante papel na realização do Fórum Novos Olhares, incentivado desde o início por Luís Erlanger, diretor da central, e por Monica Albuquerque, diretora de Relações Externas da CGCOM. O entusiasmo com que compraram a idéia do encontro estava perfeitamente refletida na equipe da

Globo Universidade, que trabalhou contra o relógio para que o fórum acontecesse: Silvia Fiuza, Fátima Gonçalves, Alessandra Oberling, Daniela Damiati e Viviane Tanner.

Com pequenas e grandes contribuições, todas essas pessoas nos ajudaram a mostrar que sempre é possível ir além dos desafios que a vida constantemente nos apresenta: basta ousar ser um pouco diferente.

Copyright © 2007 by Editora Globo S/A para presente edição
Copyright © 2007 TV Globo

Organizador: Zeca Camargo
Coordenador (TV Globo para a série Fantástico): Alberto Villas
Preparação e revisão de texto: Eliana Rocha

Edição de imagens da série para TV: Rafael Norton
Sonorização: Rodrigo Boeck

Imagem de capa: Atlantide Phototravel/Corbis /LatinStock
Imagem de miolo: Photodisc / Gettyimages

Todos os direitos reservados. Nenhuma parte desta edição pode ser utilizada ou reproduzida – por qualquer meio ou forma, seja mecânico ou eletrônico, fotocópia, gravação etc. – nem apropriada ou estocada em sistema de banco de dados, sem a expressa autorização da editora.

EDITORA GLOBO S.A.
Av. Jaguaré, 1485 – São Paulo, SP, Brasil
05346-902
www.globolivros.com.br

Dados Internacionais de Catalogação na Publicação

Novos olhares / [organização Zeca Camargo].
São Paulo : Globo, 2007.

ISBN 978-85-250-4366-5

1. Jornalismo 2. Reportagem 3. Jornalistas-Entrevistas
4. Filosofia I. Camargo, Zeca II. Fantástico
(Programa de Televisão)

Índice para catálogo sistemático:

1. Personalidades : Entrevistas 080
2. Reportagens : Jornalismo 070.43
3. Filosofia : Popular 131